JN077038

自閉症児と 絵カードで コミュニケーション

PECS と AAC

第2版

アンディ・ボンディ／ロリ・フロスト 著

園山繁樹／竹内康二／門眞一郎 訳

A Picture's Worth

PECS and Other Visual Communication Strategies in Autism

second edition

二瓶社

目　次

謝　辞

　本書の出版にあたり、私たちの家族の貢献に感謝します。レイナ、ジョン、アレクシス、サム、そしてジョーは、機能的コミュニケーション！について、多くのことを私たちに教えてくれました。これまで、世界中を飛び回って仕事をしてきた私たちに対して、彼らや彼女らが示してくれた忍耐と与えてくれた協力には、いくら感謝してもしきれません。その支えや助けがなかったなら、何事も成しえなかったことでしょう。また、ピラミッド教育コンサルタント社の皆さんにも感謝します。ピラミッド社は、子どもや大人、そして私たちが手助けしたいと思っているご家族や支援者の、生活の質を高めることを辛抱強く追求する、献身的で国際的な専門家と支援スタッフからなる素晴らしい集まりです。

序

　私がネイトのことを初めて聞いたのは、地域の子ども病院に勤めている友人からでした。彼は次のような話をしました。「私の病院のスタッフは、その3歳の男の子のために、一種の甲冑のようなものを作成しているんだ。そいつは、ヘルメットと肘や膝や手首の防具を備えているんだ」。どうして、そんなにたくさんの防具を着ける必要がネイトにはあるのか、と私が尋ねると、友人は「その子をその子自身から守ってやるためさ」と答えました。私も自傷をする子どももそれまでたくさん見てきましたが、そのように小さい子はいませんでした。ネイトは翌日、私たちの学校にやってくることになっていました。

　ネイトを学校につれてきた母親は、とても優しそうな人に見えましたが、不安そうな表情も浮かべていました。母親によると、ネイトはまだ話すことができず、好きなことはたくさんあるけれど、それらをほとんどいつも一人でしているとのことでした。そして、彼女がネイトの《爆発》について話し始めたとき、ネイトは母親の膝の上で静かにしていましたが、突然小さな音を立てて膝から跳び下り、硬いタイルの床に額を激しく打ちつけたのです。私が捕まえようとすると、ドアを目がけて走り出しました。すばやく捕まえて抱きかかえると、ネイトはすぐさま私の顔を引っ掻き、あごひげを引っ張りました。私はネイトを抱きかかえたまま、その手が私の顔から離れるように、彼の身体を逆向きにしました。そうすると今度は、私のお腹を後ろ向きのまま蹴り始めたのです。たまりかねた私はネイトを下ろしたのですが、すぐさま彼はジャンプして膝から床に落ちました。そして、ドアに顔面からぶつかっていき外に逃げて行ってしまいました。これらは、たった1分間の出来事でした。その間、母親は座ったまま言葉も出ず、部屋にいたすべての職員ともども、どうしてよいかわからないようでした。

　ここで紹介した場面では、何が問題でしょうか？　ネイトは自閉症と診断された幼児です。3歳ですが、まだ話すことができません。コミュニケー

ションの問題が、対応困難な彼の行動と関係しているのでしょうか？　対応困難な彼の行動が、コミュニケーションの問題と関係しているのでしょうか？　彼のコミュニケーションの問題は、言葉が話せないということにのみ関係しているのでしょうか、それともこの問題はもっと根が深いのでしょうか？　そして、ネイトを助けるために、母親、家族、専門スタッフが使う方法として、最も良いのは何でしょうか？

　私たちが本書第1版を執筆した目的は、自閉スペクトラム症の人を含め、ネイトのように言葉を話せない子どもや大人たちが示すコミュニケーションの問題について、親や専門職の人たちに理解を深めてもらうためでした。この第2版は、2001年刊の第1版に盛り込まれた情報を基にさらに進化しています。私たちは第1版を改訂しました。なぜなら、研究結果は更新され続け、新しい技法が登場し、それを使って自閉症や関連障害の子どもたちの自立的コミュニケーションを促す支援が向上してきたからです。重要な機能的コミュニケーション・スキルが欠けていたり、不足していたりすることに伴う問題は、多くの子どもや大人が自立的に機能する上で、依然として重大な障壁となっています。標的とすべき表出と理解の両スキル並びにその教え方に関して、本書でお勧めしていることは、応用行動分析学および言語病理学の分野で増大しつつある研究成果に基づくものです。

　第1章から第4章では、言葉を話せない人たちの特徴のいくつかを説明し、コミュニケーションの理解について、私たちのアプローチを具体例をあげながら紹介します。また、コミュニケーションと様々な問題行動との関係についても解説します。

　続く第5章から第7章では、手話や、さほど公式なものではない身振り、絵やシンボルによる様々なシステムなど、いくつかの支援方法を紹介します。そこで紹介するものの中には、ローテクな（写真や絵を使う）ものから、ハイテクな（音声出力装置などの電子機器を使う）ものまであります。またそれらの方法を紹介しながら、そのアプローチが当の子どもや大人に適しているかどうかをアセスメントする方法についても説明します。

　最後の第8章では、視覚的手がかりを用いて、指示の理解を促進する方法や、「待つこと」の学習に関連する問題や、活動移行の問題を取り上げます。

また、これらの方法が様々な動機づけ方法の有効性を高めることについても説明します。

　言葉の獲得が困難な子どもたちに、別の手段でコミュニケートすることを支援するために、本書を書かねばならないと考えた理由は何だったでしょうか？　その問いに答えるために、ネイトの後日談を紹介しましょう。

　あれからネイトは、公立学校で実施されている集中的な特別訓練プログラムに通うことになりました。担当となった教師たちはまず、ネイトは何が好きかや、自分の周囲のことに注意を払えるようなるためには何が役に立つかを考えました。ネイトは他の人が言うことやすることを模倣する学習が必要でしたが、このプログラムの開始時点では、そのようなスキルが身についていないことは明らかでした。

　最初の数日間は、絵カード交換式コミュニケーション・システム（PECS : the Picture Exchange Communication System）の使い方を教えました。第1回目のトレーニング・セッションで、ネイトは、プレッツェル（好物の塩味ビスケット）の絵カードを、教師に落ち着いて手渡せるようになりました。このレッスンは、教師からの問いかけは一切ない形で実施しました。つまり、教師がプレッツェルを持っているのを見ただけで、ネイトは自発的にその絵カードを手渡せるようになったのです。続く2～3日のトレーニングで、他の好物を要求するために、それぞれの絵カードを手渡すことを、ネイトは学習しました。

　次に彼は、簡単な文を作るために、文カードに2枚の絵カードを貼ることを学習しました。さらに要求の一部を明確にすることも学習しました。たとえば、その大きなプレッツェルが欲しいということをコミュニケートすることです。このように、モノを要求する新しい方法を学習するとともに、教室内にある簡単な事物について教師に伝えることも学習しました。この間に、親は家庭でもPECSを使うようにして、ネイトが家族の誰とでもコミュニケートできるようにしました。学校でも家庭でも、ネイトはとても穏やかになり、ほとんどかんしゃくを起こさなくなりました。なぜなら、いまやネイトは、自分の望みを人に伝えるための、効果的で容易な方法を身に付けたからです。

ネイトのように、言葉によらないコミュニケーション・システムを子ども
に教えると、ますます話さなくなるのではないか、と心配する人がたくさん
います。この問題については、本書の中で詳しく説明しますが、ここで言え
ることは、視覚的なシステムが言葉を話す能力の発達を妨げたり抑制したり
するということには、科学的な根拠はないということです。それどころか逆
に、視覚的なシステムが、話す能力の発達によい影響を及ぼすということの
方に、科学的根拠があるのです。ここで紹介したネイトは、まだ話せるよう
にはなっていませんが、効果的なコミュニケーションができるようになりま
した。しかし、本書の主目的は、必ず話せるようになる方法について力説す
ることではないのです。そうではなく、本書では、すぐに効果的なコミュニ
ケーターになれるように、子どもたちを支援する方法に焦点を合わせるので
す。
　私たちが強調したいことは、機能的コミュニケーション・スキル、すなわ
ち直接的な強化子（欲しいモノ）や社会的な強化子（誉められることや楽し
いやりとり）を手に入れるために、他の人に直接働きかける能力を、子ども
たちが発達させるよう支援することです。下の表は、本書で着目する9つの
重要な機能的コミュニケーション・スキルの一覧です。
　子どもたち（大人も）が機能的コミュニケーション・スキルを獲得すれば、
本人の生活（その家族や教師の生活も）は、今よりもはるかに豊かになるの
です。

重要な機能的コミュニケーション・スキル

表出（表現性）	理解（受容性）
1．強化子（望みのモノや活動）を要求する	1．「待って」と「ない」を理解する
2．手助けを要求する	2．機能的な指示を理解する
3．休憩を要求する	3．スケジュールを理解する
4．「〜が欲しいの？」に対して「いいえ」と答える	4．活動移行を理解する
5．「〜が欲しいの？」に対して「はい」と答える	

コミュニケーションとは何か？

　アンが２歳２カ月のときから、私は関わっています。アンは、大きな青い目をしていて、私が教室に入っていくと、いつもその大きな目で私を見つめます。アンに初めて会った日、私は歩み寄って、アンを抱き上げました。アンはすぐに微笑んでくれました。そこで私はアンを抱き上げたまま、ゆっくりと回転し始めました。アンは笑い声を上げながら、頭を後ろに反らしました。私たちはこの遊びを数分間続けました。翌朝、私が教室に入ると、アンは駆け寄り、両手を差し出しました。そこで、次にアンはどうするかを見るために、そのままちょっと待ってみました。するとアンは、言葉や音声は発しなかったのですが、両手を差し出したまま、私の靴の上にまであがってきたのです！　結局、アンの差し出した腕と訴えるような目に参ってしまい、私はアンを抱き上げ、昨日のようにクルクルと回転したのです。アンは喋りませんでしたが、アンのしたいことは、私には確実に理解できました！

　コミュニケーションの本質とは何でしょうか？　人がコミュニケートするために、発話は必要でしょうか？　話すこと以外に、コミュニケーションの方法はないのでしょうか？　このような問題は、コミュニケーション指導を計画している人なら、誰にとっても重要です。その問題に私たちがどう答えるかは、私たちが考え実行しようとする解決策に大きな影響を及ぼします。
　《コミュニケーション》を定義することは簡単ではありません。「コミュニ

ケーションを定義する」でグーグル検索すると、37,500,000件の結果が出てきます！　メリアム・ウェブスター・オンライン版 (2010) の定義では、《コミュニケーション》とは「シンボルやサイン、行動の共通システムを用いて、人々の間で情報が交換されるプロセス」としています。一方、米国言語聴覚学会（American Speech-Language-Hearing Association Committee）は、《言語 language》について、「慣習的なシンボルの複雑でダイナミックなシステムであり、考えやコミュニケーションに関して様々な形態で用いられる」と定義しています。言語には、英語のように話され書かれる言葉からなるものもあれば、身振り（アメリカ手話）やシンボルのみ（点字）、あるいは他の記号からなるものもあります。

　言語聴覚士の報告書を読んだことのある方なら、コミュニケートするためには、次の2種類の言語スキルが必要なことはご存知でしょう。

■ **表出性コミュニケーション**（言語）：メッセージを伝えるために言語を用いること

■ **受容性コミュニケーション**（言語）：他者からのメッセージを理解すること

　第1章では、メッセージを伝えるためにコミュニケーション・スキルを用いること（表出性言語）に焦点を合わせます。そして、他者からのコミュニケーションを理解すること（受容性言語）については、第2章で取り上げます。

　考えていることや感じていることを伝える行為を、私たちは一般にコミュニケーションと呼んでいます。実際、まず考えたり感じたりし、それからそれを言語によって表現する、とたいていの人は思っていることでしょう。ですから、誰かが話しているのを聞けば、その人の考えや感情がわかる、と私たちは信じています。しかし、実際には外から何を知る（見たり聞いたりする）ことができるのかという点について、この捉え方をもう少し突っ込んで考えてみると、私たちは聞くという行為によって、相手が話した言葉だけを知るにすぎないことがわかるでしょう。私たちは、相手が考えていることを直接知ることはできないのです。私とあなたが話し合っているとき、私

2

が話した言葉を、もしあなたが理解できなければ、あなたは私に質問したり、「こうではないか？」と別の言い方を提案したりするでしょう。そして、あなたに理解してもらえたとわかるまで、言葉を修正していくでしょう。そうすることであなたは、私の言葉をもっとよく理解できるでしょうが、それでも、私の考えていることを直接知ることにはならないのです。

　複雑なコミュニケーション・ニーズのある子どもとやりとりする際に、その子どもが考えたり感じたりしていることをよく理解することは、さらに難しいでしょう。外から観察できることしか報告できないからと言って、彼らが何も考えず、感情や考えを持っていない、と言いたいのではありません。どういうことかと言うと、他の人がしたり話したりすることだけを、私たちは知ることができるのであり、それ以上のことは私たちの推測や解釈なのです。

コミュニケーション行動

　自閉症の子どもたちに、コミュニケーション・スキルやその他のスキルを教える上で、最も効果的な方法の一つが、応用行動分析学（ABA：applied behavior analysis）と呼ばれるものです。ごく簡単に言うと、行動分析学とは、行動を環境との関係で系統的に研究する学問であり、環境とは、行動に先行する事象（**先行事象** antecedents）および行動に後続する事象（**結果事象** consequences）のことです。たとえば、風が急に吹いて、子どもの目にほこりが入ると（先行事象）、その子は泣きだすでしょう（行動）。そしてあなたにティッシュペーパーを取ってほしいと頼み（行動）、あなたは急いでティッシュペーパーを渡すでしょう（結果事象）。

　スキナー（B. F. Skinner）は、行動分析学の先駆的な研究を数多く残した心理学者ですが、彼は、単純な行動から複雑な言語まで、あらゆる行動（障害のある子どもや大人の行動も含め）は系統的な方法で研究できると教えています。スキナーは1957年に出版した本『言語行動（*Verbal Behavior*）』の中で、様々なタイプのコミュニケーション行動が環境事象と関係していることを説明しています。環境事象とは、たとえば私たちの周りにある事物や、他者が

私たちに向かって話すことなどです。スキナー理論の全体を説明することは本書ではできませんが、彼の理論のいくつかを理解することは、言葉の使用やコミュニケーションが困難な子どもを支援する上で、とても役に立ちます。

　スキナーの分析を利用する際に最も有用だとわかったことは、《観察可能な》行動の分析を重要視し、彼が言語行動（コミュニケーション行動）と呼んだ行動を、その他の行動から区別する、そのユニークな性質を重要視していることです。本書において、**コミュニケーションとは、別の人に向けた行動であり、それに対して相手は、関係する直接的報酬または社会的報酬を与えてくれるものです**（Frost & Bondy, 2002）。

先行事象と結果事象によるコミュニケーションの分析

　行動分析家は、報道記者にとてもよく似たふるまいをします。よいニュース報道は、「何が」起こったかだけでなく、その出来事が「どのように」「いつ」「どこで」「なぜ」起こったかも伝える、と小学校で私たちは学びました。行動を分析する際にも、何が起きたか（行動）だけでなく、どのように、いつ、どこで、その行動が起きたのか、そしてなぜその行動は生じたのかも知ろうとします。言い換えると、行動の直前と直後に、環境内に何が起きたのかに関心を払うのです。

どんな行動がコミュニケーションか？

　コミュニケーションという行動を研究する場合、まず明確にしておくべきことは、コミュニケーション行動は、他の行動とはどう違うのかということです。すべての行動がコミュニケーション行動というわけではないので、コミュニケーションと呼ぶ行動の特徴を、明確にしなくてはなりません。たとえば、女の子が子ども部屋に入ってきて、おもちゃ棚の方に歩いていき、上の棚から人形を取り、それで遊び始めたとします。この場合、女の子は、環境内の様々な物に働きかけ、その働きかけは人形で遊ぶことによって強化されました。しかしこの場合、コミュニケーションといえるものは皆無です。この子は、環境に直接働きかけただけです。

もしその子の様子を見ていたら、その子の人形への働きかけから、その子は人形が欲しいのだ、と解釈できるでしょう。そのことに留意することが重要です。しかし、私たちの解釈能力が、その子の行為をコミュニケーション行動にするわけではありません。あなたが解釈したことと、その子どもの行動の真の理由とは区別しなければなりません。ですから、この例では、人形を手に入れる行動は、コ  ミュニケーションとは関係なかったのです。なぜなら、その女の子は、自分の行動を別の人に向けはしませんでしたし、人形は自分の力で手に入れたからです。

　もし、その子が子ども部屋に入ったときに、人形の手前に父親が立っているとしたら、どうなるでしょう。その子は父親を押しのけて、自分の力で人形を手に入れるなら、やはりその子はコミュニケートしたわけではありません。確かにその子は、自分の行為を父親に向けはしましたが、父親に人形を取ってもらうためには、何もしませんでした。他方、もし父親に人形を取ってもらうために、その子が何かをするなら、その子はコミュニケートしたと言ってよいでしょう。コミュニケーションの定義で必要とされる2つの条件を満たしているからです。コミュニケーション（言語行動）の説明や定義に関してスキナーが貢献したことのうちで、最も重要なことの一つは、いかなる行動様式でもコミュニケーションになりうる、ということを明確に説明したことです。だから、その子は父親に、言葉を発したり、ジェスチャーで示したり、絵カードを手渡したり、手話で表現したりしてもよいのです。父親に向けて何かをする限り、そしてその後父親が人形を取ってくれる限り、その子の行動はコミュニケーション行動だと考えられます。

　女の子が父親に向けた具体的な行動を、私たちなら《言語 language》と呼びます。言語とは、特定のコミュニティで用いられるシンボルの体系です。ですから、もしこの女の子がフランスに住んでいるとしたら、父親にはフラ

ンス語で話すことでしょう。もしアメリカ合衆国に住んでいるなら、アメリカ手話のシンボルを使って伝えるかもしれません。もし絵カードを父親に手渡すなら、それは多様な文化圏でも理解されることでしょう。これらのどの行為に対しても、返ってくる反応は、父親が人形を手渡しながら、自信を与える言葉をかけ、微笑むということになるでしょう。

なぜ私たちはコミュニケートするのか？（結果事象）

コミュニケーション行動の最も基本的な理由、すなわち私たちがなぜコミュニケートするのかについて、行動分析家はどのように考えるかをみてみましょう。話をわかりやすくするために、コミュニケーションの基本的な理由を示す、2つの例を考えてみましょう。

前述の幼い女の子の例では、子ども部屋に入って、人形を手に取るために、その子は父親にコミュニケートしました。父親は、子どもからのコミュニケーションを受け取り、その子が望んでいるものが確実に手に入るようにしました（世の父親たちがするように！）。

この例では、この子がコミュニケートした理由の一つは、自分が欲しいモノを他の人から受け取るためと考えることができます（すなわち《要求》するため）。

では、別の例を考えてみましょう。単語をいくつか話せるようになった生後20カ月の男の子を思い浮かべてください。その子は居間に座って、出窓の外を見ています。突然、「ヒコーキ！　ヒコーキ！」と何度も言います。どうしてこのように言ったのでしょうか？　その理由を知るためには、母親がどうするかを観察する必要があります。母親に飛行機を取ってもらおうとしたとは考えにくいです。観察していると、「ああ、ヒコーキね。ママにもヒコーキが見えるわよ。とってもすてきなヒコーキね」というようなことを、母親はきっと言いそうです。この場合、子どものコミュニケーションの結果は、母親との対人的なやりとり（母親の言葉に関係する）です。このようなやりとりを体験したことのある人なら、子どもの粘り強さも思い出すでしょう。この子は、自分のコメントに母親が気づいてくれなければ、何度も何度も「ヒコーキ！」と言い続けたかもしれません。この男の子にとって、対人

的な結果は、《コメント》することの強い動機づけになっていました。

　ここで、コミュニケートする理由が、主に２つあることがわかります。一つは、好きなお菓子やおもちゃを手に入れるなど、比較的具体的な〔物的な〕結果が伴うという理由からです。もう一つは、その本質がおおむね人的な結果だからです。すなわち、周囲の世界についてコメントすることによって、称賛や注目を得るというものです（コミュニケーションのその他の理由については、第５章でも触れます）。

　もし子どもが適切なコミュニケーション・スキルを獲得していなければ、教えたいコミュニケーションの種類を確定することはとても重要です。要求することとコメントすることを教えるのは、どちらも同等に重要だと思われるかもしれませんが、コメントすることは、たいていそれに人的な結果が伴うために学習される、ということを忘れてはなりません。自閉症の子どもにとって、人的な結果を得ることは、一般に強力な動機づけとはなりません。したがって、支援の初期にコメントすることを教えるのは、とても難しいということがわかるでしょう。他方、どんな具体的なモノや結果を子どもは好むのかがわかっている場合には、要求することを教えると、その効果は即効的で強力なものでしょう。このことについては後で、具体的なコミュニケーション・システムと指導方法を取り上げる際に、もう一度考えてみましょう。

いつ、どこで、コミュニケーションするのか？（先行事象）

　ジョアンは、かかりつけの医者から紹介されてきた子どもでした。診療記録には、ジョアンは話すことはできるが、「頑固」で「怠惰」との記載がありました。ジョアンと遊んでみると、彼女は小さな人形セットで遊ぶのが好きなことがわかりました。ジョアンはその人形に手を伸ばしますが、取ってくれるように頼むことはありませんでした。私が人形を渡さないでいると、ジョアンはしくしく泣きだしました。私が「何が欲しいか言ってごらん」と言うと、すぐに「お人形！」と言いました。しかし、私が何も言わなければ、彼女も何も言わないのです。私から見れば、ジョアンは頑固なのではなく、単に言葉をいつ使うかがまだわかっていないだけなのです。

いつどこでコミュニケートするかを理解するためには、いくつかの異なる場面を取り上げ、それらの場面でコミュニケーションが、どのように行われているかを考えることが役に立ちます。たとえば、女の子が部屋に入ってきて、あなたと容器に入ったポップコーンを見、そしてあなたのところに来て、「ポップコーン！」と言う場面を考えてみましょう。この場合、この子は自発的であると評価します。他の人の助けなしに、このやりとりを始めたのです。

　今度は、女の子が同じ状況で、ポップコーンの前にただ立っている場面を考えてみましょう。じっと待っていても、女の子は何も話しません。そこで、「何が欲しいの？」と聞くと、即座に、「ポップコーン！」と答えます。この場合、この子は話すことはできるものの、他の人からのプロンプトあるいは合図を必要としている、と言うことができます。

　最後に、同じ場面で、自分からは話さない別の女の子の例を考えてみましょう。「何が欲しいの？」と聞いても、その子は何も答えません。そこで、こちらから「ポップコーン」と言うと、その子は即座に「ポップコーン！」と言います。この場合、この子は模倣することはできると言えるでしょう。つまり、他の人からの具体的なモデルを聞くときだけ、この子は話すのです。

　この3つの例ではいずれも、子どもは「ポップコーン」という言葉を言うことはできました。したがって、もし「この子どもは話すことができるでしょうか？」と尋ねられれば、この3人についてはいずれも「はい」と答えられるでしょう。しかし実際には、この子どもたちは少しずつ違っていました。ですから、それぞれの子どもの発語は等価であったというと誤解を招きます。この子どもたちにとっての「なぜ」は皆同じなのですが（つまり、どの子もポップコーンが欲しかった）、子どもたちの発語を引き出す状況はそれぞれ異なるので、その場面で生じていたことにも違いがあると解釈すべきなのです（表1-1を参照）。

　この時点で、もし、ある子どもが「ポップコーン」と言うとしたら、表1-1に示した6つの状況のいずれにおいても、「ポップコーン」という語を使えるはずだ、と考えてよさそうに思えます。しかし残念ながら、そのような転移はいつも起きるとは限りません。それは自閉症（や他のコミュニケー

表1-1. コミュニケーションのタイプ

先行事象（場面）	子どもの発語	結果事象（効果）	コミュニケーションのタイプ
母親がポップコーンの入った容器を持っているのを、子どもが見る	「ポップコーンをください」	母親は子どもにポップコーンをあげる	自発的要求
母親がポップコーンの入った容器を持っているのを、子どもが見る	「ポップコーンがある」	母親が「そうね。ポップコーンがあるね」と言う	自発的コメント
母親が子どもに、「何が欲しいの？」と言う	「ポップコーン」	母親が子どもにポップコーンをあげる	応答的要求
母親が子どもに、「何を見ているの？」と言う	「ポップコーン」	母親が「そうね！　ポップコーンがあるね」と言う	応答的コメント
母親が「ポップコーンと言ってごらん」と言う	「ポップコーン」	母親は子どもにポップコーンをあげる	模倣
母親が「ポップコーンと言ってごらん」と言う	「ポップコーン」	母親は「よく言えました」と言う	模倣

ション障害）の子どもだけでなく、話す能力が標準的に発達している子どもについても言えます（Skinner, 1957）。言葉の模倣はできるのに、簡単な質問に答えられなかったり、自発的に発語できなかったりする子どももいれば、模倣ができ、簡単な質問に答えることもできるのに、自発的に発語できない子どももいるのです。

　表1-1のコミュニケーションを6種類の別々の行為とみなせば、それぞれの形は同じでも、子どもがそれぞれの状況に適切に対処することをしっかり学習させるためには、少なくとも6種類の指導が必要だと考えられます。応答したり自発的にコミュニケーションを始めたりすることよりも、まず模倣することを子どもに教えるべきだという考え方は、一見合理的なように思えるかもしれません。しかし、このような考え方は、必ずしも正しいとは限らないということを、次節で説明します。

《どこで》コミュニケートするかについて、すでにわかっていることは、コミュニケーションが生じる際には、「聞き手（listener）」（あるいは、使われるコミュニケーションの方法は何であれ、それに応答する人）が必要だということです。聞き手がいる場合のように、行為や発語、あるいはその他のことが生じても、そこに子どもしかいなければ、それはコミュニケーションであるとは思えません。子どもがプレイルームに歩いていき、人形を取り（そこに人がいることには気づかず）、「にんぎょう」とつぶやく場合、これはコミュニケーション行動でしょうか？　答えは「いいえ」です。なぜなら、他の人に向けた行為ではなかったからです。

どうやってコミュニケートするのか？

　報道記者としての最後の問は、《どうやって》コミュニケートするのかということです。コミュニケーション手段として最も頻繁に使われ、社会的にも受け入れられているのは、話すことです。しかし、誰かが話している様子を観察すれば、メッセージの効果や明瞭さを増すために、誰もが顔の表情や身振り言語（ボディ・ランゲージ）を使っていることがすぐにわかります。手を動かさないで話すようにと言われれば、とても苦しい思いをする人もいます。話していることの理解の仕方を変えるために、私たちは声の質もいろいろと変えます。それには、声のトーン、抑揚、大きさ、話す速さなどを変えることもありますし、皮肉を込める場合には、ある音を特別に強調したりします。

　言葉や様々な変法を使うことなくコミュニケートすることはできるでしょうか？　話しながら手を動かしている人を見かけますが、そのように、人は身振りをいろいろと使いながら話すことに、恐らくあなたは気づいているでしょう。そのような手の動きがもっと整えば、そこにもう一つのコミュニ

ケーション・システム、すなわち手話の起源を見ることができます。聴覚障害の人たちの社会では、アメリカ手話（ASL: American Sign Language）や英語対応手話（SEE: Signing Exact English）など、いくつかの公式なサイン（手話）システムがあります。ASL には独自の文法がありますが、SEE の文法は口語英語のそれに準ずるものです。

　あなたは今この本を読んでいますが、ここでは、もう一つのコミュニケーション手段である文字を用いています。驚かれるかもしれませんが、文字の読み書きはできても話せない子どもたちがいます。文字に加えて、コミュニケーションにはその他のシンボルも用いられてきました。古代エジプトのヒエログリフや中国や日本の漢字など、絵と関係の深いものもありますし、点字のように触覚と関係の深いものもあります。最近のシステムの中には、絵と抽象的なシンボルが融合したもの、たとえば、ブリス・シンボル（Blissymbols）やレブス・シンボル（Rebus symbols）などがあります。その他、絵や写真を利用したコミュニケーション・システムとしては、絵カード・ボードや絵カード交換式コミュニケーション・システム（PECS）、様々な電子機器を利用したものなどがあります。これらのシンボルをどう使うかについては、別の章で詳しく説明します。ここで重要なことは、様々なタイプのシンボルが、精巧なコミュニケーション・システムに組み込まれてきたということです。

　要約すると、スキナーが明記したように、子どもや大人が用いるコミュニケーションには、様々な手段があるということです（この点については、第5章で詳しく述べます）。したがって、他の人とうまくコミュニケーションをとるために発話を使うことは、子どもにとって必須ではないのです。しかしその一方で、もしも子どもがコミュニケーションのために発話を使うことができるなら、それには明らかに利点があります。たとえば、携帯性（どこにでも、自分の声は持って行くことができる！）、理解しやすさ、使いやすさ、などです。

　自閉症の子どもの中には、表出コミュニケーションよりも理解コミュニケーションの方がはるかに優れている子どももいます。しかし、他の多くの自閉症の子どもにとっては、表出コミュニケーションを教えることと同じく

らい、理解コミュニケーションを教えることにもしっかり注意を払う必要があるのです。このことは、次の章で説明します。

定義を精緻化する

　要するに、コミュニケーションや言語（language）、発話（speech）のような用語を検討する際に明らかなことは、複雑なコミュニケーション・ニーズを抱える人たちへの支援を計画するためには、最良の結果につながるよう用語の定義を、もっと精緻化しなければならないということです。できるだけ多くの環境で、直ちに役立つコミュニケーション・スキルを教えることのできる支援法が求められます。これを《**機能的コミュニケーション**》と呼び、これを教えることを、私たちは実現しています。スキナーの知恵と私たち自身の専門的経験から、機能的コミュニケーションを次のように定義します。すなわち機能的コミュニケーションとは、別の人に向けられ、次にその人から、関連する直接的報酬または社会的報酬が提供されることになる行動（その形は所属するコミュニティによって規定される）です。

■ 引用・参考文献

American Speech-Language-Hearing Association.(1982). *Language* [Relevant Paper]. Available from www.asha.org/policy.DOI:10.1044/policy.RP1982-00125.

"Communication." 2008. In *Merriam-Webster Online Dictionary*. Retrieved December 23, 2010, from http://www.merriam-webster.com/dictionary/communication.

Frost, L. & Bondy, A.(2002). *The Picture Exchange Communication System*(*PECS*) *Training Manual*, 2nd ed. Newark, DE: Pyramid Educational Consultants.（PECS の実施について総合的に説明されています）〔訳注：門眞一郎監訳（2005）「絵カード交換式コミュニケーション・システム・トレーニング・マニュアル 第2版」、ピラミッド教育コンサルタントオブジャパン〕.

Skinner, B. F.(1957). *Verbal Behavior*. Englewood Cliffs, NJ: Prentice-Hall.（コミュニケーションの重要な機能、その獲得と発達について、総合的に分析したもの。専門的な知識を持っている人と一緒に読む方がよいでしょう）

Sulzer-Azaroff, B. & Mayer, G. R.(1991). *Behavior Analysis for Lasting Change*. Wadsworth Publishing.（コミュニケーション行動の章では、様々な言語行動やコミュニケーション行動を教える方法がたくさん紹介されています）

第 2 章

コミュニケーションという
コインのもう一つの面：理解

　トニーは、息子のライアンを連れて学校にやってきました。トニーは、息子が３歳になってもまだ話せないことを心配していたのです。また、ライアンの耳が聞こえていないのではないかとも心配していました。そこで私は父親に、なぜそう思うのかと尋ねてみました。すると父親は、ライアンがお風呂好きで、毎晩お風呂に入っていると言いました。父親は、ライアンの名前を呼び、入浴の時間だと知らせるのだそうです。ライアンが居間で遊んでいるときには、「お風呂の時間だよ、お風呂に入ろう！」と何度も言わねばならないそうです。ライアンは、おもちゃのトラックから目を上げようともしないのです。しかし、お風呂の蛇口をひねると、ライアンはすべてをやめてお風呂に走り、大急ぎで服を脱ぐのだそうです。ライアンの耳の近くで父親が大声で話しかけても、ライアンはまばたきもしないのに、家の２階の遠く離れた浴室の蛇口の水音は聞こえることが、父親にはとても不思議なことに思われました。聞こえるということは、理解しているということと同じなのでしょうか？

　第１章で述べたように、コミュニケーションが成り立つには、少なくとも２人の人が必要です。これまでは、２人目の人とコミュニケートしている１人目の人の役割に注目してきました。しかし、その２人目の人がしていることを、どう記述したらよいのでしょうか？　通常、私が話しているなら、あなたは聞いています。しかし、《聞く listening》という言葉で、２人目の人が

していることのすべてを記述することはできません。というのは、コミュニケーションには別の形態もあるからです。たとえば、私たち著者はこの本を執筆し、あなたは今この本を読んでいます。

言葉を聞くにも、文字を読むにも、《理解力》が必要とされます。子どものコミュニケーションをもっと上達させるためには、自分の意思を相手に伝える能力を伸ばすだけでなく、他者の意思を理解する能力をも伸ばす必要があります。

機能的コミュニケーションの定義に役立てるために、特定の行動に着目しました。同様に、《理解》の定義に役立てるためにも、特定の行動に注目します。すなわち、私たちのコミュニケーションの試みを、人が理解しているかどうかが判断できる唯一の方法は、その人の行動の変化を観察することです。その人の行動が変わらなければ、「私たちを理解していない」と結論づけます。だから、私たちはしばしば私たちの内で起こることとして《理解》を考えるのですが、以前とは違う行動をすることで、理解していることを外に《見せる》必要があるのです。したがって、コミュニケーションの相手が、ある人からのコミュニケーションの内容に対して、直接的に行動を変えること（すなわち、物的な結果や具体的な結果）、あるいは対人的に行動を変えること（すなわち、称賛、励ましなど）によって応答する場合、理解していることが示されるのです。

私たちが《コミュニケーション》について考えてきた問題は、コミュニケーションを《理解する》ことについて考えるときにも重要です。これは**《受容性言語》**とよく呼ばれます。まず考えるべき問題は、「なぜ他者からのコミュニケーションを理解するのか？」という問題です。

他者からのコミュニケーションを理解することはなぜ重要か？

コミュニケートすることに基本的な理由が2つあるように、他の人がコミュニケートしてきたことを理解するのにも基本的な理由が2つあります。たとえば、ある女の子が居間に入ってきて、クッションを持ち上げ、椅子の下を見て、何かを探しているかのような場面を想像してみてください。そし

て、母親が「キャンディは、自分でテレビの上に置いたじゃない！」と言います。女の子はにっこりしてテレビのところまで歩いていき、キャンディを取り、食べ始めます。この場合、この女の子が母親の言うことを聞いたのは、母親が話した言葉を理解することによって、欲しかったキャンディを手に入れることができるからです。このように、他の人が話した内容を理解できれば、欲しいモノを手に入れることができるという理由で、私たちは他者の話すことを聞くことがあります（夕食だよ、外に遊びに行くよ、友だちに会うよ、などと言われたときのように）。

　次に、ある男の子が、居間で遊んでいる場面を考えてみましょう。父親が、「新聞を取ってきて！」と言いました。男の子は、それまでしていたことをやめ、新聞を見つけ、父親のところに持って行きました。父親は即座に「ありがとう。本当に助かるよ！」と言いました。この例では、男の子は自分の欲しいモノではなく、父親が欲しいモノを手に入れるために、父親の言葉に応えました。男の子が手に入れたのは、父親からの褒め言葉やその他の人的強化子でした。このように、私たちは、あるときには、他者が言うことを理解すれば、人からの注目が得られるので、他者が話すことを聞くのです。

　何か言われたことに子どもが反応する場合、そこにはいろいろな理由があります。たとえば、「メアリー！」と自分の名前を母親が呼ぶのを聞いて、女の子が母親のところに行くとしたら、そのわけは、1）母親が食べるモノや遊ぶモノをくれることがあるから（直接的な強化）、2）母親が抱きしめてくれたり、一緒にゲームをしてくれたりすることがあるから（相互的な強

表2-1．受容性コミュニケーションのタイプ

場　面	子どもの反応	結　果	コミュニケーションのタイプ
母親が「ポップコーンを持ってきて」と言う	子どもがポップコーンを持ってくる	母親が「ありがとう」と言う	他者のために指示に従う
母親が「ポップコーンを食べなさい」と言う	子どもがポップコーンを持ってくる	子どもがポップコーンを食べる	自分のために指示に従う

化）、3）母親がお手伝いをするように言い、それを終えたら、できたこと
を褒めてくれることがあるから（社会的強化）です。こういう場合、女の子
は自分の名前が呼ばれるのを聞いたときに、次に何が起こるかを完全に予想
することはできないかもしれませんが、自分の名前が呼ばれたときに母親に
応答すれば、様々なタイプの強化子を受け取るという経験を、たくさんして
きているのです。

　人からの注目が、間接的に与えられることもあります。すなわち、応答し
ても何ら即時強化が行われないかもしれませんが、強化は途中で行われてい
るかもしれないということがあります。たとえば、学校から帰ってきた年少
の女の子の場合を考えてみましょう。母親は、学校で何があったかを、その
子に尋ねます。女の子は、友だちや先生一人ひとりに何があったかを話し続
けました。この場合、女の子が母親のコミュニケーションに耳を傾けたのは、
そうすることによって追加の社会的な結果が得られる（つまり、母親ともっ
と長く会話することができる）からです。このように相手の言うことに耳を
傾けるのは、直接的な質問（たとえば、「誰と遊んだの？」）をされてという
場合もあれば、間接的な合図（たとえば、「わあ、その映画好きだったんだ
よ！」）に気づいてという場合もあります。

　ごく幼い子どもは、即座の結果事象を求めて相手の話に耳を傾けます。大
きくなるにつれて、結果事象が遅れても耳を傾けることを学習していきます。
たとえば、その週の終わりにテストがあることを知っているので、先生が話
すことに耳を傾けます。翌日の友だちとの会話がもっと弾むかもしれないの
で、夜のニュースに耳を傾けます。しかし、結果事象に至るまでの時間がど
れほどであっても、耳を傾けることによる直接的利益と社会的利益との違い
を、私たちは区別することができます。

私たちは何に耳を傾けるのか？

　私たちは幼いときから、ある音が重要であることを学習します。ドアが開
く音がすると、誰が来たのか走って見に行きます。あるメロディーが外から
聞こえてくると、アイスクリーム売りの車が近くに来たことがわかります。

犬のうなり声が聞こえると、逆の方向に走って逃げます。この章の初めに紹介したように、浴槽にお湯の入る音が聞こえると、入浴の時間だということがわかります。これらの音が重要になるのは、それぞれが特定の出来事と結びついているからです。それらの音が聞こえると、次に何が起きるかを予想するのです。

　しかし、誰かが話すことに耳を傾けるのは、重要な音が耳に入ってくるのとは違います。人が使う言葉は、特定の音と、音の組み合わせとからできています。それぞれの言語には、それぞれ独自の音および音の組み合わせがあります。これらの音は組み合わされて語や句になり、音の組み合わせ一つひとつの意味を理解することを、私たちは学習しなければなりません。つまり、私たちは、母語の言葉を生まれながらにして理解できるわけではないのです。次のような、興味深い実験結果があります。生まれたばかりの乳児が、母親の声に対して（母親の発語の音を並べ替えて無意味な言葉にしても）、他の音に対してとは異なる反応をするというのです。つまり、母語が発達する前でさえ、音声とその他の環境音とでは、それに対する子どもの行動が違うのです。したがって、コミュニケーションの枠組みで私たちが基本的に耳を傾けているものは、他の人が発した音声なのです。

　序のところで機能的コミュニケーションを定義したとき、コミュニケーションの相手に向かうことを、子どもが学習することが重要だと指摘しました。これに加えて、他者からコミュニケートしてくることに対して応じることも重要です。ある子どもがアイスクリーム売りの車のメロディーを聞いて、外に飛び出すことを学習するかもしれませんが、これは、「外に行きましょう。アイスクリームを買ってあげるわ」と母親が言うのを理解して外に出て行くのとは違うタイプの学習です。「アイスクリーム」という言葉において、その音声の組み合わせが重要なのは、子どもがコミュニケートする集団（すなわち、英語を話す人たち）が、その音声の組み合わせを実際のアイスクリームと結びつけたからなのです。もし子どもが別の言語、たとえばフランス語を学習しながら育ったなら、「アイスクリーム」という音声の組み合わせに対して、同じ反応はしないでしょう。

　子どもが所属し、その中で一つの言語を学習していくコミュニティは、

（単に耳にするのではなく）耳を傾けるべき特定の音声の組み合わせを、子どもに教えるのです。コミュニケーションを表出することや理解することを学習していない子どもにとっては、私たちの音声は周囲の環境音以上の重要性を持ってはいないのです。

「どのように」耳を傾けるのか？

　第1章で、「どのように」コミュニケートするかについて説明した際に、うまくコミュニケートするために、様々な手段が使われていることを指摘しました。一つの手段は、私たちが話すときに発する音声です。しかし、効果的にコミュニケートするために身振り手振りやサインも使えますし、文字、視覚的シンボル、その他いろいろな絵や写真も使うことができます。さらに、言葉と身振りを組み合わせて、言葉の意味を明確にしたり完全に変えたりすることもできます。

　同じように、他者からの様々な形のコミュニケーションを理解することを、私たちは学習しなければなりません。言葉を聞き取ることだけでなく、様々なタイプの視覚的な合図や視覚的なコミュニケーションを理解することも学習しなければなりません。つまり、単なる指さしも含め、他者の身振りを理解することを学習しますし、正式なサイン言語のようなもっと複雑な動作に対する応答を学習することもあります。交通信号から絵や印刷物まで、様々な視覚的シンボルの理解も学習します。私たちが関わる子どもたちがコミュニケーションをよく理解できるように、聴覚的様式だけでなく、様々な視覚的様式についても理解できるよう、私たちは準備しなければなりません。

　また、話す能力が十分にある私たちでさえ、様々な形の視覚的システムに頼っていることも、忘れてはなりません。たとえば、雇用主や銀行や不動産屋と契約する際、あなたは（あるいは相手は）契約内容は口約束でも忘れないと言っても、絶対に信じないでしょう。文書での（視覚的な）契約にするはずです。つまり雇用主とは、労働契約の重要な部分（すなわち給与、給与支給日、社会保険、再契約など）は、すべて視覚的な表現にするはずです。

　さらに、ほとんどの人は、毎週することになる多くのことについて、「何

を」「いつ」「どこで」を常に知っておくために、カレンダーなどを利用しています。別の言い方をすれば、今日自分が何をするか、いつどこへ行くことになっているかなどを思い出すのに、記憶だけに頼っているわけではないということです。カレンダーおよび書き込み事項は、生活上の出来事を構造化するのを助ける視覚的システムとなっているのです。もっと短いスパンの場合、掛け時計や腕時計を使えば、過去のある出来事からどれだけ時間が経ったかを、推測しなくても「伝える」ことができます。だから、私たちにとって良いことであれば、私たちが関わっている子どもたちにも良いことなので、これらのスキルも子どもたちに教えるのです。

いつ他者に耳を傾けたり他者を理解したりするのか？

　他者が言おうとすることに私たちが耳を傾けるのは、どのようなときでしょうか？　一般に、何かを手に入れたいという意欲が大きいほど、欲しいモノに関係したコミュニケーション・サインに耳を傾ける（あるいは注意して見る）傾向が大きくなります。たとえば、1日の授業がやっと終わって、「授業が終わったので外で遊んでいいよ」と先生が言ってくれることに、子どもたちはとてもよく注意を払います。

　一方、耳を傾けるべきときを他者が決めることもあります。たとえば、ある女の子が家の外で遊んでいて、母親が自分の名前を呼ぶのを聞くかもしれません。女の子は母親のところへ走って行き、「なーに？」と尋ねるでしょう。うまくいけば、女の子は、何か大事な話や興味深い話を聞くことになるでしょう。もちろん、もう一つお手伝いしなければならないということもあるでしょう。その場合には、次に母親から名前を呼ばれても、言われることにはあまり注意を向けなくなるでしょう。

　他者の注意を引く言い方には、様々なものがあります。たとえば、「聴いてよ！」「私の方を向いてよ！」「こっちに来て！」「手を止めて、私の言うことを聴いてよ！」「注目して！」などがあります。こうした言い方は、実にたくさんあります。聞いてほしい相手が遠くにいる場合には、両手で大きく手招きしたり、こっちに来る動作をやって見せたりして、もっと近くに来

るようにと身振りを使うでしょう。そして、相手が近くに来たときにだけ、話を続けることでしょう。

どこで他者に耳を傾けるのか？

耳は常に私たちと共にありますが、私たちはいつでもどこでも、しっかりと耳を傾けているわけではありません。私たちは、ある場面では他者の言葉に耳を傾けますが、別の場面では、聞こえてくることにほとんど注意を払わないことを学習します。授業を上手に受けるためには、生徒は、教師の声だけを聞こうと耳を澄ますことを学習する必要があります。一方、学校の食堂では、あなたのまわりの生徒たちの話すことに耳を傾けることが大切になってきます。

自閉症の子どもの中には、自分のことしか考えられず、自分に向かって話されていることに注意を向けていないように見える子どももいます。静かな場面で部屋に他者が一人だけなら、その人が話すことに耳を傾ける自閉症の子どももいます。そういう子どもの場合、他の場面で、他にも子どもや大人がいる場合でも、他者の話すことに注意を払うようなることが、指導目標になります。この種の学習を促進するには、集団場面やこれまでは他者からの言葉に耳を傾けなかった場面で、強力な強化子を用いて、子どもが私たちに注意を向けたときにしっかりと強化するという方法が役立ちます。

結　　論

この章では、他者からのコミュニケーションを理解することに関する問題に着目しました。機能的コミュニケーション・スキルを使うことは、他者からのコミュニケーションを理解する能力とは別であることを、忘れないでください。他者が話していることは理解できるのに、言葉を話すことや他の機能的コミュニケーション手段を使うことの学習が極めて困難な子どもがいます。反対に、話すことは学習できるのに、他の人が話していることを理解することが著しく困難な子どももいます。コミュニケートするためには、あ

る方法を使うことを学習しますが、他者からのコミュニケーションを理解するためには、別の方法の方が効果的な子どももいます。たとえば、話すことはできても、他者の話を理解するためには視覚的シンボルが最良の手段になる子どももいます。また、自分からコミュニケートする際には、視覚的なコミュニケーション手段を使っていても、他者の話していることの理解はできている子どももいます。最後に、自分への話を理解することを、子どもたちには学習してほしい、と私たちはみな願っていますが、社会の中でうまく生きていくために、様々な視覚的シンボルの理解も学習してほしいと願っています。

■ 参考文献

Harris, S. & Delmolino, L.(2004). *Incentives for Change: Motivating People with Autism Spectrum Disorders to Learn and Gain Independence.* Bethesda: Woodbine House.

Hodgdon, L.(1995). *Visual Strategies for Improving Communication: Practical Supports for School and Home.* Troy: Quirk Roberts Pub.（様々な障害のある人のための視覚的補助具や視覚的方法を使う際に、実践上役に立つ情報がたくさん書かれている）〔訳注：2011年に、増補改訂版が発行された。その日本語訳は、門眞一郎・小川由香・黒澤麻美訳（2012）『自閉症スペクトラムとコミュニケーション－理解コミュニケーションの視覚的支援－』、星和書店〕

第3章

話せないのか？
コミュニケートできないのか？

　私は、キャサリンと彼女の３歳の娘ジルを自宅に訪ねました。私が着いたのは夕食時でしたので、普段の食事の様子を見たいと頼みました。キャサリンは夕食の支度を続け、その間ジルは鍋の蓋を叩いていました。突然ジルは立ち上がり、戸棚の方に歩いていきました。ジルは母親には目もくれず、戸棚の扉を開けようとしました。しかし、扉がなかなか開かないので、だんだんイライラし始めました。

　キャサリンは、その様子にすぐに気づいて、「どうしたいの？」とジルに尋ねました。そして扉を開け、クッキーの箱を指さして、「これ？」と聞きました。

　それでもジルは泣きわめくので、キャサリンは棚の中の箱を１つずつ手に取って、「これなの？」と聞いていきました。しかしジルがますます激しく泣きわめくので、キャサリンの顔もだんだん紅潮してきました。そして最後にキャサリンがクラッカーの箱を取り出すと、ジルはその箱を素早く奪ったのです。ジルが落ちつくと、キャサリンは私に語ってくれました。どのお菓子が欲しいのかを、娘は私に教えることができないので、自分はとてもいらつき消耗するのだと。

　ここではっきりしていることは、娘のジルは自分の要求を言葉で表現することに大きな困難がある、ということです。一般に子どもは３歳から４歳までに、1,000語以上話せるようになり、物事についてとても詳しく話し、過

去の出来事やすぐ身の回りのことについて話し合い、（目の前に芝生がなくても）「芝生は何色？」など抽象的な質問に答えられるようになります。しかし、ジルは3歳ですが、まだ話すことができませんし、身振りを使って意思を伝えることもできないのです。

　事実、コミュニケーション・スキルの獲得が遅れることは、自閉スペクトラム症の重要な特徴の一つです。ところで、言葉の通常の発達はどのようなものでしょうか？　一般に子どもは、生後6カ月から9カ月頃に喃語を発し始めます。また、生後6カ月までには、言葉をはっきり話すことはできなくても、親や養育者に影響を及ぼす方法を理解していることを示し始めます。たとえば、身振り、アイコンタクト、声のトーン、あるいはその他の身体動作を使うという方法です。1歳の誕生日の頃には、ほとんどの子どもは単語を（ことによると二語文も）話し始め、「お鼻はどこ？」や「あなたのお靴、持ってきて」などの簡単な指示が理解できるようになります。2歳の誕生日までには、ほとんどの子どもはだいたい25〜50の単語を話せるようになり、それらで簡単な文を作れるようになります。また「スプーンを取って、流しに置いてね」など、複雑な指示にも応じられるようになります。

　対照的に、自閉症の子どもやその他の複雑なコミュニケーション・ニーズのある子どもの言葉やコミュニケーションの発達は、順調にはいきません。中には、喃語や初期の言葉の発達は、ほぼ順調だったとされる子どももいますが、2歳の誕生日の頃には著しく退行し、まったく話さなくなる子どもも少なくありません。また言葉が話せても、大人や兄弟姉妹に話しかけているようには見えない自閉症の子どももいます。こうした子どもたちは、テレビやラジオなどから聞こえてきたことは繰り返すかもしれませんが、親や友だちが言うことの模倣はしないかもしれません。語句のしばしば無意味な繰り返しは《エコラリア》と呼ばれ、話す能力のある自閉症の子どもの多くに見られる特徴です。

　現在までのところ、言葉の発達のこの2つの独特なパターンの原因については、十分にはわかっていません。しかし、その結果は似ています。つまり、こうした子どもたちは、2〜3歳までに、他のスキルの発達と比べてさえ、言葉とコミュニケーションの発達が著しく遅れるのです。

なぜ一部の子どもは、言葉の発達に問題を抱えているのか？

　通常の順序で言葉が発達しない子どもについて、私たちが最初に抱く疑問の一つが、その原因は一つなのか、ということです。一言で答えれば、「いいえ」です。言葉の発達が遅れることには、様々な要因が関係していると考えられています。その中には、妊娠期間中の生物学的な問題に関係しているものもあります。また、言葉の発達の問題は、様々な程度で知能障害や脳性麻痺、自閉症、発達性失語とも関係しています（Beukelman & Mirenda, 1998）。さらに、言葉の障害は、出生後の後天的な要因、たとえば脳外傷や筋萎縮性側索硬化症（ALS）、多発性硬化症（MS）、脳卒中などにも関係していることがあります（Beukelman & Mirenda, 2005）。

　自閉症の場合、自閉症という障害と言葉の獲得の困難さとの関係については、まだよくわかっていません。すなわち、脳のどの部分が問題で、言葉の発達に影響を及ぼしているのかについては、まだよくわかっていないのです。一般に、発語に関係する器官の構造面（舌、口唇、口蓋など）や発語の運動面（舌、口唇、顎などの動き）には、特別な問題は見られません。さらに、自閉症の子どもの中には、耳の感染症の既往歴やそのための一時的な聴力損失の既往歴のある子どももいますが、集団としての自閉症の子どもを考えると、言葉を話す能力の遅れは、このような聴力障害では説明できません。さらに、自閉症の子どもの中には、言葉が（エコラリアのような異常も含め）急速に発達するものもいれば、無発語の（コミュニケートするために言葉を使わない）ままのものもいるということについても、その理由はまだわかっていません。

　もう一つ重要な問題があります。この問題の有病率はどれくらいか、ということです。この答えは簡単ではありません。というのは、言葉を話す能力の発達や言葉の効果的な使用が困難な人という定義が、研究によって様々だからです。最近の推定では、おおよそ100人に1人が、発語に頼らない効果的なコミュニケーション手段を身に着けるために相当の支援を必要としていると考えられています（Beukelman & Ansel, 1995）。

　比較的有効な早期支援プログラムが開発される前は、自閉症の子どもの

約半数が無発語のままになると推定されていました（Silverman, 1996, Rutter, 1985）。集中的な早期支援を行うことによって、無発語の子どもの割合はかなり低くなります（支援開始時の子どもの状態にもよりますが、15%以下とみなされています）。有効性が報告されているプログラムは数多くありますが、ほとんどが強力な行動論的アプローチを基本としており、十分な訓練を受けた専門家と親が2年以上かけて、毎週多くの時間を費やして指導するというものです（Dawson & Osterling, 1997）。これらの行動論的プログラムについて詳しく知りたい人には、*Right from the Start: Behavioral Intervention for Young Children with Autism*（Harris & Weiss, 1998, Woodbine House）がよい入門書になるでしょう。

コミュニケートできなければどうなるのか？

　私たちの文化では、コミュニケートできない子どもや大人には、かなり厳しいものがあります。ある人が自分にとって最も重要なことを他の人にコミュニケートできないと、適切なモノを適切なタイミングで提供してもらうことが、他の人に任されます。もちろん、その場合、最も思いやりのある人でも、間違うことは多いでしょう。

望みをコミュニケートできない
　年少の男児があるモノが欲しいと思っても、そのことをコミュニケートできなくて、手に入れられない場合、どういうことになるでしょう。私たちは誰でも、一番欲しいモノが手に入らないと、強い欲求不満状態になります。欲求不満が続くと、最後には自分自身や他の人が困るようなこともしてしまいます。重度のコミュニケーション困難を抱える子どもは、欲しいモノがままならないという欲求不満から、攻撃行動やかんしゃく、自傷行動などを起こすかもしれません（第4章を参照）。
　たとえば、ある男の子がクッキーを欲しがっていたのに、母親にはそれがわからず、別のお菓子を与えてしまったら、どうなるでしょうか？　たしかにその男の子はお菓子をもらったのですが、そのとき欲しいお菓子ではな

かったので、欲求不満となり、何らかの行動でその欲求不満を発散させても
おかしくありません。

「いいえ」をコミュニケートできない

　たくさんの課題を与えられ、途中で休憩を要求できないとしたら、その子
はどうするでしょうか？　この場合、子どもは難しい、あるいは嫌な課題か
ら逃れようとして、しばしば他の人を激しく叩いたり、周囲の物に当たった
りします。その子どもが、落ち着いて丁寧に、「いいえ、結構です！」と言
うことができなければ、他者にとって対応困難な行動が出てくるでしょう
（第4章を参照）。

社交的な会話ができない

　基本的欲求をコミュニケートすることができても、日常の出来事について
コメントしたり、話したりすることができない子どもの場合は、どうでしょ
うか？　このような子どもは、友だちづくりがとても難しいかもしれません。
私たちは、友だちに特別なことを頼むこともありますが（たとえば、「お金
を貸してくれませんか？」）、友だち同士の間で起きていることのほとんど
は、社交的なやりとりであり、人的な結果となります（たとえば、「やれや
れ、カープ先生はそんなに難しい先生なのか！」「これまで見た中で一番ひ
どい映画じゃないか？」）。対人的な出来事についてコミュニケートできなけ
れば、友だち関係はせいぜい限られたものにしかなりません。

他者を理解できない

　私たちからコミュニケートしようとしていることを、理解できない子ども
の場合はどうでしょうか？　このような子どもにとっては、毎日がとても混
沌としたものとなるでしょう。このような子どもには、わからないことだら
けです。次に何が起きるのか、自分に何が期待されているのか、あることを
したら何がもらえるのか、どこに行こうとしているのか、誰に関わるのか、
といったことがわからないのです。他の人が何を話しているのか（視覚的手
がかりの場合は、何を見せているのか）が理解できなければ、生活は困惑と

恐怖に満ちたものになるかもしれません。

　他の人がコミュニケートしてくることを理解できない子どもは、世界を理解するための方法として、複雑で冗長な儀式的行動にふけったり、自分だけの常同的な行動をとったりするかも知れません。こうした常同的な行動には、自己刺激行動（たとえば、指を弾く、身体を前後に揺するなど）、モノの常同的な扱い（たとえば、モノを回す、モノを空中で揺らすなど）、同じ言葉を繰り返す（たとえば、同じフレーズや質問を何度も何度も繰り返す）などがあります。こうした儀式的行動をやめさせようとすると、多くの場合、子どもは興奮し怒り出します。専門家は、こうした状況を「変化への抵抗」とか「同一性の保持」などと呼びますが、それはこれらの行動パターンの原因や理由から目をそらすものです（この場合のコミュニケーション困難、すなわち他者を理解できないことは、儀式的行動パターンを導く可能性のあるいくつかの要因のうちの一つにすぎません）。

　もっと対人的なレベルで言うと、友だちからのしばしば微妙な対人的手がかりをうまく理解できない子どもは、対人関係が不器用で扱いにくい子どもに見えるかもしれません。アスペルガー症候群の子どもや大人は、一般に、言語能力の面では年齢相応ですが、社会の対人関係の複雑さを理解する能力には、大きな制約があります。たとえば、ユーモアや皮肉、それに関連する語句の微妙なニュアンスを理解することが難しいかもしれません。彼（彼女）らは、字義通りに理解することがよくあるようです。もし誰かが、「**そうだよね！　外に遊びに行こう**」と皮肉たっぷりの調子で言うと、字義通りに理解する子どもは、上着を着て外に出ようとするのです！　トニー・アトウッドの本（*The Complete Guide to Asperger's Syndrome*, 2008）には、アスペルガー症候群の人たちにとって、複雑な対人関係を理解することは難しいという例が、たくさん紹介されています。

　自分から効果的にコミュニケートすることと、他者がコミュニケートしてくることを明確に理解することに関して、自閉症の子どもが抱える困難さは、悪循環のきっかけになることがあります。

　コミュニケートしようとして、たくさん失敗を経験した子どもは、コミュニケートすることを避けるようになるかもしれません。コミュニケートする

ことをやめてしまうと、ますます他児との関わりが減っていきます。そうなると、周囲の子どもたちも、あの子は一人でいるのが好きなんだと考え、積極的に仲間に入れようとはしなくなるでしょう。残念なことに、自閉症の子どもは、他児と関わらなくなると、対人的に未熟のままとなり、いっそう孤立してしまいます。

　つまり、自閉症の子どもについては、学業面の進歩を追うだけでは不十分なのです。他の人とやりとりするスキルを使えなければ、将来大人になったときに、うまくやっていくことが難しくなるのです。

言葉によらないコミュニケーション・スキルの獲得は どういう人に役立つか？

　この設問への簡潔な答は、代替コミュニケーション手段は、次のような人に対して検討すべきだ、ということです。

■ 欲しいモノを要求するために、言葉あるいは言葉らしきものを使うことができない。
■ 興味ある出来事についてコメントするために、言葉あるいは言葉らしきものを使うことができない。
■ 簡単な質問を、自分からしたり、模倣したり、それに答えたりすることができない。
■ 他の人が言うことをあまり理解できない。特に、簡単なモノを取ってきたり、簡単な指示を理解したりすることができない。

　これらのスキルは、平均的な発達をしている子どもであれば、およそ1歳半までには学習します。

　もしこれらのコミュニケーション機能を言葉で果たせない子どもがいれば、拡大・代替コミュニケーション・システム（AAC：Augmentative and Alternative Communication System）の使用を検討すべきです。一般に《代替》とは、手話や絵カード・システムなど、発話に代わるコミュニケーション手段を意味しています。《拡大》とは、特定の場面での選択肢を思い出すため

に視覚的シンボルを使ったり、言葉の理解を助けるために絵や写真を使ったりして、子どもの現在のコミュニケーション・スキルを強化することを意味します。AAC システムには、身振りや手話を使うもの、あるいは絵や写真・アイコン・文字など、様々な視覚的シンボルを使うものがあります。第5章では、AAC の種類を紹介します。

　以下では、あなたが関わっている子どもに、AAC が有効かどうかを判断する際に役立つ指針を、いくつか紹介します。あなたが親であれば、必要な情報を集め、適切な判断をするために、専門家の助けを得るとよいでしょう。

1．子どもは今、効果的にコミュニケートしていますか？

　これは最も重要な質問です！　今すぐ、子どもは基本的な欲求とニーズを、あなたに効果的にコミュニケートできますか？　子どもは自分のニーズをあなたに知らせることができなくて、ひょっとしたらイライラして問題行動に走っているかもしれません。あなたは、子どもが何を望んでいるかを推測したり、子どもがそれ以上何かしようとは思わなくなるように、何でもすぐに手に入るようにしたりすることが多いのではないですか？　子どもが今穏やかにそして効果的に、あなたにコミュニケートすることができない場合、非常に基本的なコミュニケーション・スキルのいくつかを、今日から学習できるようにする、発語によらない方法があります。

2．子どもの年齢は？

　子どもが1歳6カ月未満の場合は、発声や発語の模倣が上手でなかったとしても、その子の発達について専門家は心配しないでしょう。こうした子どもでも、その後、指示を理解するスキルや、子どもや大人と遊ぶスキルが普通に発達することでしょう。身振りなど他のコミュニケーション形式は適切に発達しているけれども、言葉の発達はゆっくりしているだけという場合も少なくありません。

　しかし、2歳未満の幼児が、言葉の発達が遅いだけでなく、対人反応性

（すなわち、他の人から微笑みかけられたり、話しかけられたり、遊びに誘われたりしたときの反応）や、模倣、遊びについても発達が遅い場合には、発達に関して大いに心配されます。もしあなたが関わっている子どもが当てはまるなら、心理士や、聴力検査ができる言語聴覚士も含めた、発達の専門家による専門的なアセスメントを受けさせることが極めて重要です。

　時間的尺度の上の方について言えば、7歳以上の子どもの場合、それまでに話せるようになっていなければ、話せるようになる可能性は低いということには、科学的根拠がかなりあります。たしかに、年長児でも言葉の獲得ができた例も散発的にはありますが、それは希少な例と言えるでしょう。言葉でコミュニケートできない年長児の場合には、代替手段を用いた機能的コミュニケーション・スキルの獲得に焦点を合わせることが、最も適切だと言えます。

3．音声模倣についての良質の訓練を、どのくらいの期間受けてきましたか？

　子どもが2歳以上で話せない場合、これまで多くの専門家（言語聴覚士や行動分析家を含む）は、音声模倣訓練で発達を促進してきました（たとえば、Lovaas, 1987）。音声模倣訓練では、単音（通常、子どもがすでに発声できている音）を模倣させることから始め、単音の組み合わせ、単語、そして句を模倣させるように進めていきます。

　音声模倣プログラムの成功率は、とても勇気づけられるものでした。しかし、3カ月間の集中訓練を受けても、音声模倣が上達しない子どもがかなりいます。こうした子どもたちは、10～30％と推定されます。音声模倣訓練を3カ月間続けても成果が見られない場合には、別の手段を用いて機能的コミュニケーション・スキルを教えるべきです（Lovaas, 1987 参照）。音声模倣訓練をやめるべきだ、と言っているのではありません。すぐに効果を発揮する機能的コミュニケーション・スキル（以下の章で詳しく紹介します）に訓練の重点を置き、音声模倣訓練はそれと併行して継続すればよい、と私たちは考えています。

　多くの子どもにおいて、この2つの領域、すなわち機能的コミュニケー

ションと音声とは、将来融合することがあるからです（この点については、第6章でその例を紹介します）。

4．現在子どもはどのように音声を使っていますか？

　第1章でも述べましたが、普通に発達している子どもは、2つの理由（要求またはコメント）のどちらかのために、特定の語を使うことができます。また、その語をどちらかの目的で、別々の状況（つまり、自発か模倣か応答）で使うことができます。もし単語を《模倣》することしかできないなら、その子は機能的コミュニケーションのためには発語を使っていないかもしれません。もしそうなら、次のどちらかを検討すべきでしょう。a）模倣ではない発語の使い方を至急教える、b）発語模倣や発声のその他の特徴に関する訓練を継続しながら、言葉によらない別の手段による機能的コミュニケーションの促進に取り組む。

　10単語の模倣ができる2歳の女の子の例を考えてみましょう。彼女は、テレビで聞いたことのあるコマーシャルの一節を歌うことができます。しかし、好きなお菓子やおもちゃを差し出されても、誰かがそのお菓子やおもちゃの名前をお手本として言ってくれなければ、彼女の方から話すことはありません。この例では、彼女はいくつかの言葉を口に出すことはできても、自発的にその言葉を言うことができていないのです。私たちは、この子の模倣スキルをさらに伸ばそうとしますが、自発的な機能的コミュニケーションの指導も早急に始めるべきだと考えます。

　次の章では、別のコミュニケーション手段がないために、行動でコミュニケートしようとしていることは何なのか、を理解するのに役立つ情報をいくつか提供します。これから後の章では、あなたが関わる子どもにとって益となる可能性のある、様々な非言語的コミュニケーション手段について説明します。

■ 引用・参考文献

Atwood, T.（2008）. *The Complete Guide to Asperger's Syndrome*. Philadelphia: Jessica Kingsley.

Beukelman, D. & Ansel, B.（1995）. Research priorities in augmentative and alternative communication. *Augmentative and Alternative Communication, 11*, 131-134.

Beukelman, D. & Mirenda, P.（2005）. *Augmentative and Alternative Communication*. Baltimore: Paul H. Brookes.

Dawson, G. & Osterling, J.（1997）. Early intervention in autism. In M. J. Guralnick（Ed.）, *The Effectiveness of Early Intervention*（pp.307-326）. Baltimore: Paul H. Brookes.

Harris, S. & Weiss, M. J.（2007）. *Right from the Start: Behavioral Intervention for Young Children with Autism*. Bethesda: Woodbine House.

Lovaas, O. I.（1981）. *Teaching Developmentally Disabled Children: The Me Book*. Austin, TX: Pro-Ed.

Lovaas, O. I.（1987）. Behavioral treatment and normal educational and intellectual functioning in young autistic children. *Journal of Consulting and Clinical Psychology, 55*, 3-9.

Lovaas, O. I.(Ed.)（2002）. *Teaching Individuals with Developmental Delays: Basic Intervention Techniques*. Austin, TX: Pro-Ed.〔訳注：中野良顯訳（2011）『自閉症児の教育マニュアル』，ダイヤモンド社〕

Rutter, M.（1985）. The treatment of autistic children. *Journal of Child Psychology and Psychiatry, 26*, 193-214.

Silverman, F.（1995）. *Communication for the Speechless*. 3rd ed. Boston Allyn & Bacon.

第4章

なぜ子どもはそうしたのか？
行動とコミュニケーションの関係

　ある親のミーティングで、サラは息子アダムについての今の問題について話しました。アダムが庭で遊ぶのが好きなことをサラはわかっていました。でも、息子がいつ庭に出たいのかを、正確に知ることができないことが、問題なのです。サラは皆に次のように話しました。アダムはよくドアの前に立って、叫びます。もし誰かがすぐに来てくれなければ、アダムは床にひっくり返って、頭を床に打ち付けるのです。こうなったら、ドアを開け、アダムを外に行かせないかぎり、彼を落ち着かせることはできない、とサラは思い込んでいました。アダムは外に出れば泣きやむので、サラもやりかけていたことにもどることができたのです。

　第1章でも指摘したことですが、行動の中にはコミュニケーション機能を持っているものもあれば、持っていないものもあります。子ども、特に障害のある子どものコミュニケーション行動は、私たち大人が期待するものとは限らないことも多い、と付け加えておく必要があります。たとえば、アダムの場合も、外に出たいということを伝える方法は、親が喜ぶような方法ではありませんでした。

　かんしゃくや攻撃行動など子どもが示す問題行動は、私たちにとって最も印象に残りやすいものです。学校で1日の授業が終わったとき、私たち教師はその日学校で経験したことを同僚と話しますが、よかったこと（たとえば、「彼はヨーグルトを一口食べたんだよ」）よりも、トラブル（たとえば、「彼

にまた噛まれた」）を興奮気味に話すことの方が圧倒的に多いのです。したがって、教師も親もこうした問題行動をすぐになくそうとします。しかしながら、最もよい解決策は、その子どもが問題行動を起こしている理由を調べ、その問題行動を、私たちが受け入れやすく、しかも子ども自身の目的に適う行動に変えることです。この章では、多種多様な問題行動と、コミュニケーション・スキルとしての代替行動との関連を取り上げます。

なくしたい、あるいは頻度を減らしたい行動は？

　教育の専門家が、特定の行動をなくしたり、その頻度や程度を軽減したりする目的で、特定の行動を選択する場合、それを《行動マネジメントの標的行動》と呼びます。応用行動分析学の分野では、それを《状況にそぐわない行動》と呼びます。それは、行動が起こる状況も問題の一部であることを、すべての人に思い出させるためです。たとえば、叫び声は教室という環境にはそぐわないかもしれませんが、多くのスポーツ・イベントを見ながらであれば、むしろ期待されます。他の人を叩くことは学校の中では容認されませんが、ボクシングの最中ならまさしく期待される行動です。ですから、ある行動をやめさせたいときは、その状況も考慮しなければならないのです。つまり、事実上すべての行動について、状況に合うと考えられる時と場所があります。特定の行動を決してしないように子どもに教えようとすることは、非常に難しいことがわかります。

　さらに、私たちがその行動を好まないという理由だけで、ある行動を変えようとしてはなりません！　ある行動をなくしたり軽減したい場合、その理由は次のいずれなのかを確認する必要があります。

　　a．その行動は、本人または他の人に害をもたらす。
　　b．その行動は、重大な物的損害をもたらす。
　　c．その行動は、重大な社会的制裁をもたらし、その結果、友だちや他の
　　　　人々との付き合いが減ることになる。
　　d．その行動は、学習や仕事の遂行を妨げる。

　では、たとえば、質問をするときに、指で髪をひねり回す癖がある子どもの場合、あなたはその行動にイラつくかもしれませんが、普通はそれを何が何でもやめさせようとは思わないでしょう。しかし、質問をするときに鼻をほじる癖の場合は、上記の基準 c に該当するため、この行動をやめさせようと思うでしょう。同様に、子どもが体をゆっくりと左右に揺らすことに、あなたはイライラするかもしれませんが、バックグラウンド・ミュージックが流れているのであれば、これは単にダンスの一種と考えるかもしれません。しかし、体をゆするために、作業課題を完了できないならば、それは基準 d に該当するので、あなたはその行動に対処しようとするかもしれません。

　上記の条件の少なくとも一つが、その行動に関連している場合は、体系的な行動マネジメント計画を策定する必要があります。包括的な計画に必要なことを詳しく説明することは、本書の範囲を超えています。しかし、一つ重要な要素は、その問題行動がその状況といかに機能的に関係しているかを、何らかのコミュニケーション機能を果たしてはいないかということも含めて検討することです。言い換えれば、その子がある特定の仕方で行動している理由を明らかにし、同じニーズを満たすために使える新しい方法（新しい行動）を教える必要があるのです。

　ある行動の機能の判定についての詳細な情報は、Beth Glasberg（2003）*Functional Behavior Assessment for People with Autism* [訳注1] を参照してください。

コミュニケーション機能を持つ問題行動の行動マネジメント

　なくしたり軽減したいと思う行動の中には、本人の特別なニーズを満たす行動、たとえば具体的な結果を手に入れやすくしている行動もあります。たとえば、何らかの行動を起こすと、外へ遊びに出ることができたり、スーパーのレジのところでクッキーが手に入ったり、誰かが食べているモノが手に入ったりするなどです。こういった行動は、いずれもある種の結果につなが

訳注1：2015 年に改訂版出版。

るのです。

　一方、他の人からの注目が得られる問題行動もあります。たとえば、あなたが部屋に入ったら、ごく幼い子どもが泣き叫びながら自分の顔を叩いています。さて、あなたならどうするでしょうか？　おそらくすぐにその子を抱き上げてなだめながら、何が原因なのかを調べるでしょう。しかし、もしその子が効果的なコミュニケーション・システムを使えないなら、どうでしょうか？　その場合、その子は何か問題があっても、それを他の人にうまくコミュニケートすることができないでしょう。それでも、その子は抱っこされて喜んだかもしれません。抱っこしてくれたあなたを、次の機会に見たとき、この子はどういった行動をとるでしょうか？　私がすぐにその子を抱き上げないとしたら、その子はおそらく泣いて、自分の顔を叩き始めるでしょう。子どもの目から見れば、前回《効果的》だったこと、つまり、泣きながら自分の顔を叩くことによって、私に抱っこしてもらえたのです。

　この例の場合、子どもの行動は、私の姿が見えたことによって生じ、しかもコミュニケーション機能、すなわち、望ましい結果を要求する機能を果たしているのです。誰かがいるところで、特定の行動を起こしやすいのであれば、その行動にはコミュニケーション機能があると言える、ということは重要です。私たちがいるときもいないときも、ある特定の行動の頻度が変わらないなら、その行動は、コミュニケーションの相手になる可能性のある人に向けられたものとは言えないでしょう。前にも指摘したように、コミュニケーションの本質は、それが他者に向けられた行動である、という点です。

　子どもや大人の行動には、別のコミュニケーション機能、すなわち逃避や回避もあります。たとえば、難しい課題が与えられたとき、子どもが泣き叫んだり、自分の身体を叩いたりし始める場合です。

　私がリサと出会ったのは、重度知的障害の中高生のための学校を訪問したときでした。そのときリサは16歳で、言葉を話さず、言葉以外のコミュニケーション・システムも獲得していませんでした。私は、リサを観察するよう頼まれていました。当時、リサの攻撃行動や自傷行動が悪化していたのです。

　教室で、自分の席に座っているリサを観察しました。先生はリサに近づき、

言いました。「リサ、仕事の時間よ」。職業訓練の道具が入っている箱を、先生がリサに見せたとたん、リサは泣き叫び始め、拳で自分の腿を思いっきり殴り、もう片方の手の甲を噛み始めました。先生は、箱を持って静かにその場を離れました。20分後、先生は別の道具が入った箱を持ってきて、同じように言いました。するとリサはまた同じように泣き叫び、自傷しました。先生は、また道具箱を持ってその場を離れました。さらに20分後に先生は戻ってきて、今度はクシとブラシの入った箱を見せました。リサは落ち着いてそのクシとブラシを手に取り、自分の髪を梳き始めたのです。リサはとても効果的にコミュニケートしたのです！

　リサの行動を理解するためには、いくつかの要因を検討する必要があります。まずリサは、一人のときには静かに座っていて、泣き叫んだり自傷したりはしていませんでした。次に、先生が道具を見せるまでは、かんしゃくを起こしていませんでした。また、見せられた道具が好きな活動で使うもの（すなわちヘアブラシ）なら、リサは落ち着いてその活動を始めました。しかし、見せられた道具が好きなものではなかったら、泣き叫び、自分の身体を（先生が近づくと、先生も）叩きました。そして先生が道具を片付けると、リサは徐々に落ち着いていったのです。リサのこうした行動は、コミュニケーション機能を持っています。というのは、先生が近づいたときにこれらの行動が起き、それによって、好きでない道具を先生に片付けさせることが効果的にできたからです。つまり、かんしゃくを起こし始めたら先生が道具を片付けたため、リサはいやな活動を回避できたのです。もしリサが通常の機能的コミュニケーション・スキルを持っていれば、特定の課題がいやなことをコミュニケートできたはずです（たとえば、「この作業はいやです」とか「したくありません」など）。そこで先生は、なぜその活動が重要なのかを話し合ったり、リサにもっとやる気を起こさせることを提案したりできたでしょう。

　多くの子どもや大人が、ある活動を避けるための行動を学習するだけでなく、何らかの活動から逃れる方法も学習します。こういった活動は一般に、次のようなものです。

1．難しい活動
2．退屈な活動
3．長すぎる活動
4．肯定的なフィードバックが少なすぎる活動（「これっぽっちの給料か！」）
5．騒々しかったり、人が多すぎたり、混乱していたり、暑すぎたり寒すぎたりする環境での活動

　大人は、上記の要因の一つが当てはまる状況や環境で、仕事（あるいは勉強）をしなければならないことも多いのが現実です。しかし、ほとんどの大人は、そうした状況で役立つコミュニケーション・スキルをすでに学習しています。単に泣き叫んだり逃げたりする（これは誰でも考えることだ！）代わりに、休憩——少しの時間仕事から離れること——を要求するかもしれません。また、職場環境の改善に役立ちそうなことをコミュニケートすることもできるでしょう。たとえば、手助けを求めたり、もっと指導してくれるよう要求したり、一日の休憩回数を増やしたり、窓を開けたりといったことです。

コミュニケーション機能を持たない問題行動の行動マネジメント

　これまで、コミュニケーション機能と関係する次の行動についてみてきました。
1．強化的な結果を獲得する
2．ある人やモノ、活動から逃避する

　しかし、行動マネジメントの標的行動のすべてが、このようなコミュニケーション機能を持っているわけではありません。第1章で述べましたが、すべての行動がコミュニケーションの機能を持っているわけではありません。他者に向けたコミュニケーションの意図がなく、ただ単に外界に働きかける、ということもあります。さらに、特別な目的なしに、あるいは合理的な理由なしに何かをする、ということもあります。つまり、私たちの行動の中には、

ただ単に身近な環境に感情的に反応しただけ、と考えられるものがあります。

　ある日、私（アンディ・ボンディ）は、35階に入っている州の事務所を訪ねるために、大きなオフィスビルの誰もいないロビーに入りました。その事務所には、ここ数年間に何回も来たことがありました。それまでと同様、私はそっとエレベーターのボタンを押しました。しかしこの日は、何も起きなかったのです。その場でしばらく待ちましたが、エレベーターは降りてきませんでした。そこで、もう一度ボタンを押してみましたが、何の変化もありません。そこでボタンを何回も強く押してみましたが、それでも何も変わりませんでした。そこで私はボタンを思いっきり叩き始めました。そしてふと気がつくと、恥も外聞もなく、エレベーターに向かって口汚く悪態をついていたのです。突然私の上司がやって来るのが見えました。私はののしったりボタンを叩いたりすることをやめ、エレベーターは故障しているようだ、と穏やかに上司に伝えました。

　皆さんも、これと同じような経験をしたことがあるでしょう。このような行動は明らかにコミュニケーション機能を持ってはいません。私はいくつか言葉を発しましたが、それは他の人に聞かせようとして言ったものではありません。だから、上司の姿が見えると、私は行動を変えたのです。私の行動は合理的であり、経験から学習したものでしょうか？　いいえ。ボタンを強く叩いてもうまくいくことはめったにないのですが、こうした行動は、機械が思い通りに動いてくれないときに、まず私たちがやってしまう行動なのです。その上、かつて母から「もしエレベーターが止まってしまったら、こうするのよ……」と教えられたことも、私は思い出さなかったのです。疑問は残ります。私たちは、なぜこのような暴発的な行動をとるのでしょう？
　私にとって、35階に行くことは重要でした。というのは、それが仕事に取り掛かるための唯一の方法だったからです。すなわち、それが給料をもらうための方法だったからです（働かなければ、給料はもらえません）。何らかの報酬を期待していたのに、それが延期されたり取り去られたりする場面では、私もあなたも子どもたちも、このような感情的な行動をとるものです。
　同じような感情的な反応を引き出しやすいもう一つの場面は、痛みがある

ときです。動物実験で、ある動物をもう一匹の動物と一緒にし、一方の動物に回避できない痛み刺激を（電気ショックで）与えると、その動物はもう一匹の動物に対して攻撃的になることがとても多いと指摘されています。攻撃をしても電気ショックの頻度を減らす効果はないのですが、それでもこのような状況ではとても出やすい行動なのです。別の研究では、ある動物が一匹だけにされた状況で、回避できない電気ショックを受けると、その動物は自傷することがあると報告されています。当然のことですが、このような実験は、人間の子ども（障害の有無にかかわらず）には行われていません。しかし、Romanczyk と Matthews (1998) は、自分の頭を激しく叩く子どもたちに関するデータを集め、痛みがあるとき（中耳炎のときの鼓膜圧によって測定）の方が、ないときと比べて頭を叩く行動が非常に出やすかったことを報告しています。

　つまり、私たちが観察するいかなる行動にも、様々な説明が可能であるということなのです。行動によっては、コミュニケーション機能を持っているものもあるでしょう。たとえば、何かがいやだ、注目してほしい、その場から去りたいなどを知らせるために、自分の頭を叩く女の子のような場合です。しかし、同じ行動が、コミュニケーション機能を持たないこともあります。たとえば、期待した報酬がなかったときや、身体のどこかが痛いときに、自分の頭を叩く場合です。この頭叩き行動をどう説明するかは、その子に対してどのような支援計画を立てるかに影響します。もしその行動はコミュニケーション機能を持つと判断したら、第5章、第6章、第7章で説明する技法を使って、もっと適切なコミュニケーションの取り方を教えることができます。もしコミュニケーション機能を持たないと判断したら、第8章で説明する技法を用いて、欲求不満を自分でうまく処理する方法を教えることができます。

機能的コミュニケーションのトレーニングはどのようなものか？

　私たちが、その行動が《なぜ》起きるのかを強調し、その行動の形式（《どのような》）だけを強調しない理由の一つは、同じ目的を達成するにも方法

はいくつもあると考えるからです。つまり、ある子どもが注目を得ようとする場合、同じ結果（注目）を得るために使う行動は様々だ、と私たちは考えます。もしこの仮説が妥当なら、自傷などの問題行動を引き起こさずに、注目が得られる別の方法を教えることを計画することになるでしょう。

　行動の根元的な理由を明らかにし、求める結果を得るための別の方法を教えるという、この一般的な方策についての研究領域を《機能的コミュニケーション訓練（FCT）》と呼んでいます。FCT に関する初期の研究の一つ（Carr & Durand, 1985）では、2 人の研究者が、攻撃行動や自傷行動を起こす子どもを対象にしました。この 2 人は、こうした行動には、2 つの明確な理由があることを見出しました。一部の子どもたちは、とても難しい課題が与えられたときに、そうした行動をとるように思われました。彼らの問題行動は、手助けを求めるというコミュニケーション機能を持っているようでした。別の子どもたちは、課題の難易度には関係なく、先生がその子に注目していないときに、そうした行動をとるようでした。彼らの問題行動は、先生からの励ましのフィードバックを要求するというコミュニケーション機能を持っているようでした。問題は、それぞれの子どもたちに何を教えるべきかでした。

　手助けを必要としていると思われる子どもたちには、短い簡単な言葉で手助けを要求することを教えました。子どもが手助け要求をコミュニケートできたら、すぐに手助けをしました。このスキルを学習した後、問題行動は著しく改善しました。別の子どもたちには、「私の出来はどう？」と言うように教えました。子どもがこのように言ったら、スタッフは即座にその子がやっていることを褒めました。こちらも、このスキルを学習した後、問題行動は著しく改善しました。この研究でもう一つ興味深いことは、問題行動の理由に合っていないスキルを教えたときには、どうなるのかも調べたのです。つまり、難しい課題で手助けを必要としている子どもに、「私の出来はどう？」と言うことを教えたのです。スタッフは、子どもがそう言ったときに、褒めはしましたが、手助けはしませんでした（なぜなら、子どもは手助けを要求しなかったからです）。やはり自分の必要とする結果につながらない言葉を学習しても、問題行動の改善には役に立ちませんでした。

　これらのことから、子どもがそれまでコミュニケーション手段として使っ

ていた問題行動に代わる新しいコミュニケーション・スキルを教える場合には、その新しいスキルによって、子どもの求めているものが確実に実現されることを、確認しておく必要があります。つまり、手助けを必要とする子どもには、手助けを要求することを教え、フィードバックを必要とする子どもには、フィードバックを要求することを教えなければならないのです。同様に、活動が退屈だったり難しかったりで休憩を必要とする子どもには、休憩を要求することを教えなければなりません。新しいスキルの機能は、行動マネジメントの標的行動の機能と同じでなければならないのです。また、元の問題行動をとるよりも、新しいスキルを使う方が少ない努力ですむようにしなければならないということも、研究から明らかになっています（Frea & Vittemberg, 2000）。

行動の機能的制御をどのようにして確定するか？

　ある人がある行動をする理由を明らかにする方法はいくつかあります（これを、行動分析家は行動の《機能的制御 functional control》と呼んでいます）。一般に、これは、行動の《先行事象》（すなわち、行動の前に生じた事物）と、《結果事象》（すなわち、子どもが行動の結果として獲得した事物）を特定するものです。

　《機能的アセスメント functional assessment》は、構造化されたチェックリストを用いて、教師、親、支援者を系統立てて面接する方法で実施します（Charlop-Christy & Kelso, 1997）。さらに詳しいアセスメントとしては、当該の行動と次のような要因との関係について、注意深くデータを集めるという方法があります。

　　1．時刻
　　2．活動
　　3．その場にいた人
　　4．活動の長さ
　　5．要求されることの有無（頻繁な指示や新しい指示など）
　　6．強化的な事物の除去や拒絶

　知識のあるスタッフであれば、その他の要因についても調べるでしょう。問題行動を十分な回数観察すると、その行動の生起と相関している可能性のある要因がわかってきます。この時点での相関は、本当の関係性を立証するものではありませんが、子どもの問題行動との関係が最も深そうな要因を明らかにする助けにはなります。

　行動の原因についての最も正確な情報は、正式な《機能的分析 functional analysis》によって収集することができます。このタイプの研究では、行動分析学の研修を受けたスタッフが、特定の環境条件を操作（すなわち、要求を追加、行動を無視、刺激のある環境と刺激のない環境を設定）し、それぞれの条件によって標的行動がどう変化するかをモニターするものです。この手続きにより、当該行動が起こる原因についての最も正確な情報を得ることができますが、とても労力を必要とします。

　障害者教育法（IDEA：the Individuals with Disabilities Education Act）では、子どもが在籍している学校は、次のような場合に機能的行動分析の実施に同意しなければならないと規定されています。1）子どもが学校で、自分の学習を妨害する行動をしている場合、および2）子どもが特別支援教育のサービスを受けている場合です。親は行動分析家にこのアセスメントを依頼できますが、学校は、親のコンサルタントの勧告とはかかわりなく指導計画を立案することを選択できます。

代替コミュニケーション・スキルはいつ教えるべきか？

　コミュニケーションに困難があるために、子どもが問題行動を起こしているということに気づき、その行動が何をコミュニケートしているのかがわかったら、同じ結果を達成するための代替コミュニケーション手段を教える機会を探さなければなりません。次の例で示すように、あらゆる機会が、自閉症の子どもにとって、《教える機会》となっているわけではありません。

　私が見たとき、アマンダはいくつかのおもちゃで遊んでいました。アマンダはブロックを1つ手に持ち、もう1つのブロックにはめようとしました。し

かし何回やってもはまらなかったのです。するとアマンダは身体を揺すり始め、そしてしくしく泣き、やがて大声で泣き出しました。そして、そのブロックを投げ捨て、手に届く範囲内のおもちゃを全部まき散らしました。アマンダは、いまや激しいかんしゃくの真只中でした。私はアマンダに近づき、「『手伝って！』って言いなさいね」と優しく言いました。すると、アマンダはしくしく泣きながらも、「手伝って！」と言いました。アマンダがブロックをはめるのを、私は手伝いました。するとアマンダは泣きやんで、遊び始めました。しかし、私は重要なことに気がついたのです。アマンダと私は、昨日も同じことをしていたのです。一昨日も、その前の日も、これまでずっと同じことをしてきたのです。

この仕事に就いたころ、私（アンディ・ボンディ）は、このようなやり方をしていましたし、他の多くの人も同じようにやっていました。つまり、子どもの問題を観察し、その問題を解決するために《言葉を使う》よう促したものです。しかし、このやり方でも、難しい状況では子どもは相変わらずかんしゃくを起こし続け、また私に促されたときだけ手助けを求める、ということに気づきました。そして、私が教えたことを子どもはそのまま学習するのだ、と気づくのに私は何年もかかったのです。子どもの立場からこの場面を描写すると、次のようになるでしょう。1）おもちゃがうまく使えなかったら、大声で泣きわめきなさい。すると、2）アンディがやってきて、ある言葉を言いなさいと言うよ。そして、3）アンディに言われた通りに言うと、アンディは手伝ってくれるよ。

アマンダが自分から助けを要求することを学習しなかったのは、どのような場面で自発的に手助けを要求すべきかということを、私がアマンダに教えていなかったからでした。私が教えていたことは、（かんしゃくを目にして）アマンダが手助けを必要としていることに私は気づき、言葉で手助けを求めるよう促す、ということだったのです。手助けを自分から要求することを教えたいのであれば、かんしゃくを起こす前に手助けを要求することを教えるべきだった、ということに私は気づいたのです。つまり、アマンダがかんしゃくを起こしているのを見たら、かんしゃくがおさまってから、手助けを

要求することを教えるべきたったのです。

　一般に、かんしゃくやその他の感情的な反応をしている最中に新しいスキルを教えるのは、極めて難しいことです。もっとよい長期的な解決策は、問題場面を再現して、効果的な代替行動を子どもに教えることです。このようにして、いったん起きてしまったかんしゃくを解消しようとするよりも、かんしゃくを予防することに努めることの方が重要です。その効果的な教え方を学習することに、私自身が何年もかかったように、たいていの子どもは、スキルを学習するために多くの学習機会を必要としているのです。これからたくさんの学習機会が必要となることを、教師は忍耐を持って知る必要があり、しかも子どもが依存的になるような指導をしてはなりません。子どもがいっそう自立して自発的にコミュニケーションをとれる場面を、教師は創り出さなければなりません。

　アマンダの例では、効果的な教え方には、次のようなことも考えられます。まず、思い通りには動かなくなったおもちゃを１つ与えます。そのことにアマンダが気づいたと見えたら、すぐに、かんしゃくが起きる前に、「手伝って！」とコミュニケートするよう促すのです（次節を参照してください）。

子どもに「手伝って」とコミュニケートすることを教える手順

必要な教材：
子どもの好きなおもちゃで、わざと動かないようにしたもの。

必要な指導者：
指導者の一人は、問題場面を設定する。
もう一人は、子どもを手で促す〔プロンプトする〕。

背景：
ハリーは言葉を話せなくて、コミュニケーションの学習を始めたところです。彼は、点滅するライトとサイレン付きの、乾電池で動く消防車で遊ぶのが好きです。消防車が思い通りに動かなくなると（乾電池が切れたり、タイ

ヤがはずれたり、サイレンが鳴らなくなったりなど）、消防車を投げ、大泣きし、自分の頭を激しく叩きだすハリーを、母親のリリーはこれまで何度も見てきました。そうなったら、ハリーの自傷行動をやめさせるために、急いで消防車を直すということを、母親はしてきました。

指導手順：

母親は娘のドリスに、手助けを穏やかに要求することをハリーに教えるときに、手伝ってくれるよう頼みました。ドリスには、ハリーの後ろに座ってもらいました。母親はハリーには見えないように、消防車の乾電池を抜いて、消防車をハリーに渡します。ハリーは、すぐに手に取って、スイッチを入れたのですが、ライトが点かず、サイレンも鳴りません。

ハリーがちょっとイラつきそうになったら、すかさずドリスはハリーに手を貸して、消防車をリリーに手渡すよう促しました。そこでリリーは、すぐさま「手伝ってほしいのね！」と言って、乾電池をハリーに渡し、それを消防車に入れることを手伝いました。そしてハリーがボタンを押すと、今度はライトが点いて、サイレンも鳴り、ハリーはとてもうれしそうでした。

それから数日間、リリーとドリスはこの指導を繰り返しながら、ドリスの手を使っての促し〔プロンプト〕を少しずつ減らしていきました。その結果、その週の終わりには、消防車がうまく動かないと、ハリーは自分から消防車を母親に手渡すようになりました。そして、リリーとドリスは役割を交代し、近くにいる人に手助けを求めることを、ハリーが早く学習するようにしました。その後も、ハリーがこの新しいスキルを使って解決すべき問題状況を、母親は新たに作っていきました。たとえば、容器が開かない、パック入りジュースにストローが付いていない、ラジオが鳴らないなどです。

その後の指導方法：

この最初の指導方法（うまく動かないものを子どもに与える）は、平均的な発達をしている子どもが、ごく幼い頃にすることに似ています。その子たちが手助けを要求する能力を磨くことを学習していくのと同じように、ハリーもこのスキルを磨くことを学習するでしょう。たとえば、視覚的コミュ

ニケーション・システムの《手伝って》というシンボルの使用を学習するか
もしれません。こうしたシンボルの使い方を教える方法は、第6章で紹介す
る方法と同じです。ハリーが使うのが視覚的シンボルであれ（正式あるいは
略式の）、サイン言語であれ、言葉であれ、最初の指導場面では指導者2人
で教えることが有効です。

結　　論

　この章では、子どもがとる多様な問題行動について見てきました。最も効
果的な解決策は、次のような手順によるものです。

1．その問題行動の原因を確定します。
2．その行動がコミュニケーション機能を持っている場合には、子どもが
　　何をコミュニケートしようとしているかを検討します。
3．適切な代替コミュニケーション行動を確定します。
4．その代替コミュニケーション行動を、子どもがすでに獲得しているか
　　どうかを検討します。もしまだ獲得していなければ、その新しい代替
　　コミュニケーション行動を教えます。
5．その新しい代替コミュニケーション行動を子どもが使う機会をたくさ
　　ん設けます。

　次の章では、コミュニケーション様式の選択肢をいくつか検討します。そ
の後の章では、自閉症の子どものための方法として、PECS について重点的
に説明します。

■ 引用・参考文献

Carr, E. G. & Durand, V. M. (1985). Reducing behavior problems through functional communication training. *Journal of Applied Behavior Analysis, 18*, 111-26.

Frea, W.D. & Vittemberg, G.L (2000). Behavioral interventions for children with autism. In J. Austin & J.E. Carr (Eds). *Handbook of Applied Behavior Analysis.* (pp.247-73). Reno, NV: Context Press.

Glasberg, B. (2015). *Functional Behavior Assessment for People with Autism: Making Sense of Seemingly Senseless Behavior.* 2nd ed. Bethesda, MD: Woodbine House.

Koegel, R. & Koegel, L.(1996).*Teaching Children with Autism: Strategies for Initiating Positive Interactions and Improving Learning Opportunities.* Baltimore: Paul H. Brookes Publishing Co.(自閉症の子どもたちの様々な有用なスキルの発達を促進する方法についての読みやすい本)〔訳注：氏森英亜・清水直治訳(2002)『自閉症児の発達と教育―積極的な相互交渉をうながし、学習機会を改善する方略』, 二瓶社〕

Romanczyk, R.G. & Matthews, A. (1998). Physiological state as antecedent: Utilization in functional analysis. In J.K. Luiselli & M.J. Cameron (Eds.), *Antecedent Control Procedures for the Behavioral Support of Persons with Developmental Disabilities.* New York, NY: Paul H. Brookes. 〔訳注：園山繁樹・野口幸弘・山根正夫・平澤紀子・北原佶訳(2001)『挑戦的行動の先行子操作：問題行動への新しい援助アプローチ』, 二瓶社〕

第5章

拡大・代替コミュニケーション・システム

パット・ミレンダ, Ph.D.
ブレンダ・フォセット, Ph.D.

　パメラは 10 歳の自閉症の女の子で、限られた言葉しか話せませんでした。それにもかかわらず、パメラは、学校でも家庭でも、うまくコミュニケートできていました。見えるところに何か欲しいモノがあるときには、家族やクラスメートや教師をそこに連れて行き、何らかの声を出していました。見えないところや別の場所に欲しいモノがある場合には、コミュニケーション・ブックに載っている絵シンボルを指さします。パメラは、毎日のスケジュールにも、読みの学習の補助にも、絵シンボルを使っていました。休憩時間や昼食時間にも、パメラはクラスメートと一緒にコミュニケーション・ブックを見ながら楽しそうに過ごしていました。コミュニケーション・ブックには、パメラや家族や友だちが、楽しい活動（ハロウィンの仮装など）をしている絵や写真が貼ってありました。

　書字や算数の授業中は、字を書くためにコンピュータをパメラは使っていました。というのは、彼女は鉛筆と紙を使って字を書くことが難しかったからです。また家庭では、妹や父親とコンピュータ・ゲームを楽しんでいました。大事なことを言い忘れましたが、パメラは限られた言葉を使って、人に挨拶し、手助けを求め、嫌いなことに対して「いや！」と言います。

　パメラはとても幸運な子どもです！　彼女は家族からも学校からも支援されてきました。パメラは言葉を話せませんが、それは話したいことがないと

いうことではない、と家族も教師も理解しており、またパメラに適した拡大・代替コミュニケーション（AAC）・システムを提供するべく、最大限の努力をしてきました。私たちがそうしているように、パメラも状況に応じていろいろな方法でコミュニケートしています。一種類の AAC 技法だけで、子どものコミュニケーション・ニーズのすべてを満たすことはできないので、複数の方法を組み合わせる必要があります。このことは、コミュニケーションの学習を始めたばかりの自閉症の子どもを支援する際には、忘れてはなりません。この章では、子どもが使うシンボルや機器を組み合わせたものを、その子の AAC システムと呼びます。

AAC とは何か？

　拡大・代替コミュニケーション（AAC）という用語は、表出性コミュニケーションの障害を補うための支援を意味しています。《拡大 augmentative》という語は、これらの支援によって、既存のコミュニケーション手段（発話を含む）によるコミュニケーションの効果を向上させられるということを意味しており、《代替 alternative》という語は、発話に代わるコミュニケーション・システムを一時的あるいは永久的に使用することを意味しています。

　発話に代わる、あるいはそれを拡大するために用いられる主な様式には、以下のものがあります。
■ 残存する言葉
■ 発声
■ 絵やそれに関連した視覚シンボル（写真から文字まで）
■ 点字
■ 身振り（アメリカ手話などの正式なシステムだけでなく、略式のものも含む）
■ 様々な電子機器（視線を含め、何らかの身体動作によって操作するもの）

　これらの様式については、後で詳しく紹介します。

　障害者教育法（IDEA）では、AAC は《支援工学 assistive technology》の一種と考えられています。2004 年の IDEA の修正では、支援工学に関するニーズのアセスメントを受ける権利を、すべての子どもが持っている、と規定されました。子どもに AAC を含む支援工学のニーズがあると判断されると、公立学校はその子に必要な機器や装置（およびそれを使う教職員の研修）を家族に無償で提供する義務を負います。親や教師は、そうした支援が子どもに必要かもしれないと考えた場合には、その子の教育支援チームの助言者として、AAC 専門職の参加を要請しなければなりません。

　AAC 全般についてさらに詳しい情報が欲しい人には、国際拡大代替コミュニケーション学会（ISAAC: International Society for Augmentative and Alternative Communication）が、専門職および一般の人にほぼ 20 年に渡って提供している情報が役に立ちます。[訳注1]

なぜ AAC を使うか？

　AAC の技法を使えば、言葉を話さない自閉症の子どもたちの欲求不満を軽減することができます。第 3 章で述べたように、代替コミュニケーション・スキルを教えることは、欲求不満から生じる問題行動を予防もしくは軽減する方法の一つです。AAC は、たとえばかんしゃくを起こしたり泣き叫んだり、その他の問題行動を起こしたりする代わりに、欲しいモノや助けや活動中の休憩を要求することを教えるために使えます。この目的のために、手指サイン、写真、絵カードなどの使用を教えることができます。いずれかの様式でコミュニケートできるようになると、遊びや学校での活動に参加しやすくなったり、周囲の子どもたちから受け入れられやすくなったりします。

言葉の発達についてはどうか？

　自閉症の子どもへの AAC の適用で、多くの親や教師が心配することの一

訳注 1：ISAAC については、次の公式ホームページを参照してください。https://www.isaac-online.org/english/home/

つは、言葉にどのような影響があるのか、ということです。しかし、心配はいりません。AAC によって言葉の発達を妨げることはないということには、十分な科学的根拠があり、それどころか、言葉の発達が促進される子どももいるのです。たとえば第6章では、コミュニケーションのためのシンボルの使い方を子どもに教える方法の一つとして、絵カード交換式コミュニケーション・システム (PECS) を紹介します。そこでは、PECS を用いてコミュニケートしていた子どもたちの中には、その後、言葉が出るようになった子どもも少なくないことを示す研究結果をいくつか紹介しています。PECS で 30 ～ 100 枚の絵カードを使ってコミュニケートするようになった子どもは、話し始めることが少なくありません。多くの子どもが、言葉だけでコミュニケートできるようになり、PECS は使わなくなるのです。

　多くの研究で、自閉症の子どもの発話に対する AAC の効果が調べられました。手話を使う AAC による支援に関する研究を6つ、最近、ある研究者グループが検討しました (Millar, Light, & Schlosser, 2006)。手話を教えられた72 人の子どもたちのうち、発話が後退した子どもは皆無でした。発話が向上した子どもたちは、言葉の模倣スキルも良いという傾向がありました。

　この研究者たちは、PECS のような《ローテク》の AAC システムを使ってAAC 支援をした 10 の研究も検討しました。検討された研究の対象児167人全員が、言葉らしきものまたは発話のいずれかにおいて改善を見せました。最後に、同じ研究者たちは、音声生成装置 (speech generating devices)（すなわち、1つまたは複数のボタンを押すと、コンピュータがメッセージを《話す》装置）を使うAAC支援について、2つの研究を検討しました。対象児9人全員で、発話が改善しました。2009 年に、この検討をした研究者の一人（Millar）は、自閉症の人について追加研究を行って、前述の検討論文を更新しました。これらの研究により、やはり AAC が発話の発達を妨げることにはならず、それどころか一部の人には発話を支援できることが明らかになりました。

　自閉症児がコミュニケーションの手段を持たない場合に起こる可能性のある問題（たとえば、問題行動、学習や人付き合いの機会の喪失など）を考慮すると、AAC で支援しないで「様子を見る」という対応が、子どもにと

って害になりかねないことは明らかです。最新の情報に基づけば、AAC を早く導入する方がよいのです。子どもの中には十分な言葉が発達し、もはや AAC を必要としなくなる者もいますし、AAC をずっと使い続けることになる者もいますが、多くは言葉とともに AAC も使い続けます。言葉が発達する可能性にすがって AAC による支援を差し控えた結果、対応困難な行動のような余計な問題を引き起こすことがあります。そうではなく、AAC を早期に提供することの方が理にかなっています。AAC によって、子どもはいっそう容易にコミュニケートできるようになり、その結果、欲求不満が軽減します。

AAC シンボルの種類

　言葉を用いないコミュニケーションでは、代替シンボルを使う必要があります。シンボルとは、別の何かを象徴するものです。AAC シンボルは、非エイド・シンボル（unaided symbol）とエイド・シンボル（aided symbol）の 2 種類に大きく分けられます。非エイド・シンボルは機器や用具を必要としないもので、身振り、ボディ・ランゲージ、発声、（特に）手指サインなどが該当します。エイド・シンボルは、コミュニケーション・ブック、音声出力装置（voice output communication device）、コンピュータなど、体外の何らかの機器や装置を利用するものです。以下では、最もよく用いられている AAC シンボル（非エイド・シンボルおよびエイド・シンボル）を取り上げ、それぞれの主な長所と短所について考えます。

非エイド・シンボル

自然な身振りとボディ・ランゲージ
　子どもは話せるようになるまでに、コミュニケーションにいろいろな身振りを使うようになります。これらの身振りの中には、別の動作が自然に身振りになったものがあります。たとえば、指さしは、何かに手を伸ばす動作に形がよく似ています。また、動作の延長やパントマイムのような身振りもあ

ります。たとえば、バスケットボール選手が、試合中にフリースローをしようとしたとき、相手方の選手が首に両手を押し当てているのを見たら、フリースローをする選手は「プレッシャーに負けて失敗しないようにしよう」と自分に言いきかせるかもしれません。さらにまた、もっとフォーマルで、言葉と同じように、特定の文化の中でのみ意味をもつ身振りもあります。たとえば北アメリカでは、指で作った"V"サインは《勝利》もしくは《平和》を意味することを、ほとんどの人が知っています（どちらの意味かは、そのサインを使っている人の年齢によります）。

　多くの身振りは手の動きを含むものですが、私たちは、メッセージを伝えるためにそれ以外の身体部位も使います。たとえば、疑問を感じたときに肩をすくめたり、困ったときに眉をひそめたり、助けを求めるときに手と腕を差し出したりします。おそらく、最もよく使われている身振りは、「はい」や「いいえ」を表現するために、うなずいたり首を左右に振ったりする身振りでしょう。

　私たちは、いろいろなメッセージをコミュニケートするために身振りを使います。おそらく、最も明瞭なのは、望みやニーズについてのコミュニケーションでしょう。たとえば、子どもにおもちゃを2つ見せ、「どっちで遊びたい？」と尋ねて、子どもがどちらかを指さすか欲しい方を取ることを、私たちは期待します。同様に、モノを大人のところに持って行くだけで、手助けしてもらえるということを、平均的な発達をしている子どもなら2歳までに学習します。さらには、興味のあるモノや出来事を指させば、周りの人たちがそれを見てくれることも学習します。「やあ」とか「バイバイ」と手を振ったり、投げキッスをしたり、"いないいないばあ"をしたりするなどの身振りは、純粋に対人的な理由で使います。これらの身振りは、友だち同士あるいは子どもと大人との間で、対人的やりとりを円滑にしていく上で、極めて重要です。

　身振りはなぜ重要か？　自閉症の子どもにコミュニケーション・スキルを教える際によく見られる間違いは、コミュニケーション・システムの要素と

訳注2：自分で自分の首を絞める動作（失敗するという意味）をすることで，フリースローをする選手にプレッシャーをかけている。

して自然な身振りを組み入れることを無視することです。こうした間違いがよく起きるのは、多くの親や教師が、コミュニケーションを《二者択一》スキルと考えているからです。すなわち、この子どもは、2つの方法のどちらかでコミュニケートする、と考えてしまうのです。もちろん、この考え方は間違いです！　自閉症の子どもは、コミュニケーションとは何かを学習することが極めて困難なので、重要なことは、理解でき社会的に適切な形式であるかぎり、〈あらゆる〉形式のコミュニケーションに反応し、それを使うよう励ますことです。たとえば、ジョシュアが、おやつをもらうために、父親を食器棚のところに連れて行くとき、またジュアニータが、転んで膝をすりむいて泣くとき、誰かに気づいてほしいメッセージ（「何か欲しい」「痛い！」）をコミュニケートしているのです。

　身振りを使わせるためにはどうすればよいか?　自閉症の子どもに、コミュニケーションのための身振りを使わせるようにするには、遊びの中でのやりとりが役に立ちます。たとえば、ジョシュアの父親は、毎晩寝る前に、ジョシュアと「こげ、こげ、こぶね」ゲームをします。ジョシュアと父親は、向かい合って足の裏を合わせて床に座り、手をつなぎます。父親が「こげ、こげ、こぶね」と歌い、それに合わせて2人で身体を前後に揺らします。何小節かごとに、父親は歌うのをやめ、ジョシュアが手を引っ張るか、何か声を出すかを待って、歌を続けます。最初にこのゲームをしたときには、ジョシュアは何をすべきかがわかっていなかったので、父親が歌を途中でやめても、ただじっと座っているだけでした。しかし少しずつながら、父親が歌を途中でやめたときに、何らかのボディ・ランゲージや発声をするようになりました。そのとき、父親はすぐに反応し、ゲームを続けました。ジョシュアの行動に反応することによって、「もっと！」と要求することをジョシュアに教えるという、重要な指導を父親はしたのです。間もなくジョシュアは、何かを「もっと」してほしいときには、別の場面でも、誰かの手を引っ張って、何らかの発声をするようになりました。

　前述の遊びを通しての指導は、別の遊びででもできます。たとえば、抱っこされてぐるぐる回してもらうことが好きな子どもなら、最初に抱っこしてぐるぐる回した後、子どもを降ろして、もっとやってほしそうに手を伸ばし

てくるのを待ちます。最初は、「もっとやってほしいのね」などと言いながら、あなたが子どもの手を上げさせる必要があるかもしれません。そして子どもの方から手を上げるようになるまで、子どもへの身体的な手助けを徐々にやめていきます。これらの例から、毎日の遊びの中でのやりとりや習慣的な行動を使えば、身振りの使用を教えるのは容易だということがわかります。

身振りを直接教えるにはどうすればよいか？　平均的な発達をしている子どもたちは、大人や他の子どもの身振りを模倣することによって、コミュニケーションのために身振りを使うことを学習しているようです。自閉症の子どものほとんどは、身振りを用いるコミュニケーションの学習が困難です。その理由の一つは、模倣が困難なことによると考えられています（Stone, Ousley, & Littleford, 1997: Stone, Ousley, Yoder, Hogan, & Hepburn, 1997）。したがって、身振りを使うことを自閉症の子どもにどう教えるかは、その子が持っている他のスキルによります。

　もし頭と手の動作模倣ができるのであれば、様々な身振りとその意味を実際にやって説明する指導方法が有効でしょう。一方、動作模倣ができない子どもの場合には、それは有効ではないでしょう。この場合には、身振りの使用を含む様々なスキルを獲得させるために、まず模倣することの指導が重要です。しかし、模倣を教える際には、すべき動作ができるよう身体プロンプトによって、役立つ身振りを獲得しやすくすることもできます。

　身振りを教えるために身体プロンプトを使う場合に覚えておいてほしいことは、その身振りが子どもにとって重要となる場面を設定することです。普通よく用いられている場面もしくは重要な場面でその身振りを教えなければ、自発的にその身振りを使うことを学習する可能性は低くなります。例として、挨拶として手を振るという身振りを考えてみましょう。明らかに、この身振りが適切な動作となる場面は幾種類かあります。父親が部屋に入ってきてマークに「やあ」と手を振る場合、これはマークが返事として同じように手を振ることが適切な場面と言えます。さらに、マークが部屋に入ってきたときに、父親が手を振らなかったとしても、これはマークが自分から父親に向かって手を振ることが適切な場面でしょう。挨拶として手を振ることを、マークに身体プロンプトする《指導者》（この場面では母親などの大人）に

とって、このような自然な場面は申し分ない機会です。

　身体プロンプトは、子どもの手に手を添えて十分に行うプロンプトから始めるかもしれませんが、指導する機会ごとに、プロンプトの強さや種類を徐々に《フェイド》（つまり弱く）していきます。一般に、子どもにとって結果が重要であればあるほど、身体プロンプトに耐えやすくなります。父親がポジティブに、しかも感情を込めて反応することにより、やがて子どもは、その手を振るという身振りを挨拶として学習していくことになるでしょう。

　対人的な身振りの模倣を自閉症の子どもに教えることに関して、さらに詳しい情報が欲しい人は、*Reaching Out, Joining In: Teaching Social Skills to Young Children with Autism*（Weiss & Harris, 2001）を読むとよいでしょう。

　身振りの理解を子どもに教えるにはどうするか？　身振りの理解を子どもに教えることは、身振りの使用を教えることと同じく大切です。そうでないと、様々な場面でメッセージを効果的にしかも速くコミュニケートすることが難しくなります。たとえば、子どもが理解すべき重要な身振りの一つは、私たちが何かを指さして、何かを伝えようとする身振りです。通常、少なくとも、私たちが指さしているモノを子どもに見てほしいのです。指さしたモノを子どもに持ってきてほしいときもありますし（「あれを持ってきて」）、指さした方に何かを持って行ってほしいときや（「あっちに持って行って」）、指さした場所にとどまってほしいときもあります（「そこで待っていなさい」）。普通、メッセージをさらに明確にするために、指さしと同時に言葉でも指示します。しかし、指さし自体が、やりとりの重要な要素なのです。同様に、「バイバイ」と手を振ったり、ハイタッチをしたり、賛成の意思表示として拍手したりするなど、社会的な決まりごとと結びついている身振りは、コミュニケーションが効果的かつ効率的なものとなるために、子どもが理解しなければならない重要なものです。

　子どもに身振りの理解を教えるためには、まず、教えようとしている身振りが子どもにとって本当に重要なものかどうかを確認しておく必要があります。たとえば、先ほどの指さしの例に戻って、ハリーの場合を考えてみましょう。ハリーはジグソーパズルが好きで、パズルを完成させるために、ピースをひとつひとつ手にすることを楽しんでいました。そこで母親は、ま

ずピースをいくつか抜いて、残りを箱の中に入れておきました。母親が指さすときにそれが何を意味するかをハリーに教えるため、意欲を引き出す場面を作ったのです。ハリーが次にはめるピースを探し始めたら、母親は箱を指さし、すぐにその箱を指で軽く叩きました。ハリーは、その音を聞くと箱の方を見、蓋を開け、ピースを１つ取り出します。何回か繰り返しながら、指さした後すぐに箱を叩くのではなく、指さしと箱を叩くことの間隔を徐々に長くしていきました。やがてハリーは、次のピースを手に入れるためのシグナルとしての母親の指さしに反応することを学習しました。この時間遅延法〈time-delay technique〉は、他のタイプの身振りの理解を教える際にも適用できます。

手指サイン

　聴覚障害の人たちが使っている手指サインという言語システムをご存じでしょう。耳は聞こえていても言葉を話したり理解したりすることが困難な人（たとえば自閉症の子ども）の中にも、手指サインを使う人がいます。手と指の動きで（他の身体の動きで補助することもあります）、文字・単語・句を作る方式には、異なるものがいくつかあります。

　手指サインは、表出性言語としても受容性言語としても使うことができます。子どもとコミュニケートする人が自分の言葉を補助するためにサインを使う場合に、手指サインが《入力》されます。たとえば、フェリシアに話しかけながら、先生は同時にそのメッセージのキーワードをサインで示します。算数の時間なら、先生はフェリシアに「教科書と鉛筆を出しなさい」と言いながら、「教科書」と「鉛筆」と「出す」をサインで示します。話すだけでなくサインも出す方が、フェリシアは注意を向けやすいし、指示に正確に従いやすいので、そうするのです。もちろん、話す言葉にサインを加えた方がよく聴いているように見えるのに、実際には視覚的手がかりにのみ頼っている子どもたちもいます。各々の子どもについて、入力のモードを組み合わせることが、本当に助けになっているかどうかを検討してみることが重要です。

　自閉症の子どもが人にコミュニケートするために手指サインを用いる場合に、手指サインは《出力》されます。たとえば、マットが家でファミコ

ンをしたいときに、手指サインを使う場合です。マットは母親の方を見て、「ファミコンがしたい」という手指サインを使い、ファミコンを作動させてほしいと頼みます。

　手指サインは、言葉を話さない自閉症の子どもたちに、以前は一番よく用いられたコミュニケーション・システムでした。その理由の一つは、《携帯性》にとても優れていて、特別な機器を必要としないということです。しかし、手指サインよりも、具体的で消えてしまわないシンボルを使う AAC システムの方が使いやすい、と思われる自閉症の人は多いのです。たとえば、写真や絵などの視空間的なコミュニケーション・シンボルは、多くの自閉症の子どもにとって有効性の高いものです。さらに、ほとんどの親、教師、クラスメートは、手指サインを理解できませんし、サインを形作るのに必要な手指のスキル（微細運動スキルや指の器用さ）が発達していない自閉症の子どももいます。

　出力として子どもに手指サインを教えるべきかどうかの判断は難しいので、その子どもに教育支援を行っている人たちのチームが、その判断を下すべきでしょう。その際に検討すべき要因には、以下のものがあります。

- 模倣や身体プロンプトによって、サインを学習できるか？
- 運動スキルの程度
- サイン言語の語彙と他の手段での語彙では、どちらを速く習得できるか？
- 他のシステムと比べて、そのシステムの携帯性はどうか？（手はどこにでも持って行ける）
- サインは、（学校、家庭、地域社会の）重要な人たちから理解されやすいか？

エイド・シンボル

実物

　ほとんどの人が、最も学習しやすいエイド・シンボルは、《実物シンボル real object symbol》で、これは活動・場所・事物を表す立体的なモノ（あるい

はモノの一部）です。たとえば、マリアは欲しいモノを要求したり、他の人と情報を共有したりするときに、実物シンボルを用います。のどが渇いたら、飲み物を要求するために、先生のところにコップを持って行きます。車で外出したいときには、車のキーを母親のところに持って行きます。公園から帰宅したら、公園で遊んだフリスビーを妹に見せて、公園で何をしたかを伝えます。

　マリアにとって、コップ、車の鍵、フリスビーは、「のどが渇いています」「車で外出したいです」「公園に行きました」ということを表すシンボルなのです。これらのシンボルをマリアが選んだのは、マリアがいつもコップで飲み物を飲み、母親が車のキーを使うのを見ており、公園にはいつもフリスビーを持って行くからです。マリアは、経験を通して、そのシンボルとそれが意味する活動を結びつけて考えることを学習したのです。実物を使うことの短所は、携帯性が限られていることと（ミニチュアを使えば改善されるかもしれませんが）、必要なときに手に入らない場合があることです。

写真

　写真は、実物シンボルと比べると、象徴性が高度なので、使い方の学習が難しいと言えますが、それでもとても役に立ちます。AAC システムの一部として、写真は、人、場所、活動、モノを具体的に表すために用いることがあります。たとえば、ホアは高校の食堂で昼食を注文するときに、食べ物の写真を使っています。家族の写真を使って、クラスメートに自分の家族のことを伝えたり、先生に絵ハガキや写真を見せ、休みの日にサンディエゴに行ったことを伝えたりすることもできます。

　写真の長所は、実物シンボルよりも持ち運びが簡単なことです。短所は、カメラで撮影したり、買ったり、インターネットからダウンロードしたり、雑誌などから切り取ったりしなければならないので、作成に時間がかかることです。しかし幸いなことに、最近ではデジタルカメラを、多くの人が利用できるようになりました。デジタルカメラで撮った写真は、様々なソフトウエアを使って、コンピュータにファイルとして保存したり、加工したりすることもできます。役に立つ写真は簡単にコピーして共有でき、あまり使わな

いものは簡単に削除できます。カラープリントも最近では安価になり、シンボルに色をつけられます（写真でも絵でも）。しかし、色がついていることによってシンボルが使いやすくなる子どももいますが、全員がそうとは限りません。トレーニングの初期には、白黒の写真（あるいは絵）の方に、とてもよく反応する子どももいるのです。

絵シンボル

絵シンボルは、人、場所、活動、モノ、行為（食べる、座る、寝る、など）、感情（うれしい、怒っている、退屈だ、など）、属性（熱い、少ない、上へ、下へ、など）や社交辞令（どうぞ、ありがとう、など）を表すために、白黒やカラーでそれらを描いたものです。様々な形や大きさ（絵カードに文字を記入したものもあります）の多種多様な絵シンボルが、いろいろな会社から販売されています。最もよく使われている絵シンボルは、ピクチャー・コミュニケーション・シンボル（PCS: Picture Communication Symbols©）です。また、ボードメーカー（Boardmaker™）というソフトウエアを使うと、PCS シンボルをコミュニケーション・ディスプレイに表示することができ、多くの人が使っています。

文字シンボル

ここで取り上げる最後のタイプのシンボルは、A、B、C、D などの文字シンボルです。私たちは毎日、考えていることや何かを表すために、文字を組み合わせて言葉を書いています。あなたも今、この本を読むために文字シンボルを使っています！　字を読める自閉症の人も、コミュニケートするために、文字や単語を使うことができます。

たとえ、コミュニケートしなければならないことの《全部》が読めるわけではなくても、《いくつかの》ことをコミュニケートするために、単語は役立つでしょう。たとえば、ジョーダンは、「ケロッグ・ライスクリスピー」や「ピーナッツバター」など、自分がいつも食べているものの単語はたくさん理解できます。彼が携帯しているコミュニケーション・ブックには、それらの食べ物のページがいくつもあります。食べたいものを頼みたいときには、

ジョーダンはコミュニケーション・ブックの中のその単語を指さします。

　文字シンボルの長所は、たくさんのシンボルを1ページに収められること、文字を読める人なら誰でも容易に理解できることです。短所は、文字を読めない自閉症の人は、効果的に使えない点です。《文字を読む》こと、すなわち書かれた単語を発音することと、《理解する》こと、すなわち単語を適切に用いることができたり、その単語が意味する通りに行動できたりすることとは違います。両者を区別できることが大切です。

AAC 技術

　さて非エイド・シンボルとエイド・シンボルについておわかりになったでしょうから、ここからは、それらを使って何をするべきかということと、子どものコミュニケーション支援のためにどう用いるかということを考えてみましょう。基本的には、2種類のAAC技術が利用できます。すなわち、非電子的あるいは《ローテク》なものと、電子的あるいは《ハイテク》なものです。

非電子的（ローテク）技術

　非電子的あるいはローテクと呼ばれる技術には、次のようなものがあります。

■ コミュニケーション・ブック。たとえば、厚紙やビニールの表紙付きで、何枚かの絵カードを表紙に配置して見えるようにし、他の絵はブックの中に保存できるもの。シンボルを指さして使うタイプや、貼り付けたり（たとえばマジックテープ™で）すぐにはがしたりできるタイプがあります。後者については、第6章で紹介するPECSでも使われています。

■ コミュニケーション・ボード。絵をプリントしたり、絵カードを貼り付けたりして、その上から透明なラミネートでカバーして、絵が摩耗しないようにしてあります。

■ コミュニケーション・ワレット。プラスチック製の透明なクレジット

カード・ホルダーに、写真やその他のシンボルを入れておきます。

■ ウェストポーチ。たとえば、腰につける小さなポーチで、実物シンボルや他の重要なアイテムを入れておきます。

■ その他、電源やコンピュータを使わないモノ。たとえば、手帳・メモ帳・ポストイット©など。

　ほとんどの人は、おそらくそれとは気づかないで、非電子的な AAC 技術を日常的に使っています！　約束を忘れないように、スケジュール帳を持ち歩いていませんか？　買い物をするときに、買い物リストを使いませんか？　財布や定期券入れに入れている家族の写真を、職場の同僚や近所の人に見せたことはありませんか？　レストランで、メニューに書いてある外国語の単語や写真を指さして注文したことはありませんか？　これらはすべて、コミュニケーションのための非電子的技術です！

　すべての AAC 技術について言えることですが、コミュニケーションのための「ローテク」技術にも長所と短所があります。長所としては、比較的安価であること、持ち運びやすく作れること、一人ひとりに合わせて柔軟に使えることなどがあります。たとえば、ある子どもは、外遊び用の遊具のシンボルを、いくつか輪に通してベルトに付けています。そうすることで、両手を自由に使って遊ぶことができ、次に使いたい遊具（ブランコやすべり台など）を、シンボルで選ぶことができます。短所としては、子どもがコミュニケートする必要のあるメッセージ（シンボル）を、誰かが責任を持って更新し続ける必要がある、という点です。もちろん、これは電子的技術でも言える^{訳注3}ことです。

電子的（ハイテク）技術

　何らかの外部動力源（たとえば、バッテリーや電気）で作動する多くの《電子的あるいはハイテク》コミュニケーション技術も利用できます。電子

訳注3：iPad 用の PECS アプリである《PECS® IV+》では、シンボルの更新を他者にゆだねることなく、自分で行うことも可能です。

コミュニケーション機器の第一の長所は、その機器からの出力は、子どもがコミュニケートしたい相手のほぼ全員に容易に理解されるという点です。言葉は、画面に表示されたり、紙にプリントされたり、音声として出されたりします。たとえば、子どもが音声出力装置のシンボルに触れると、プログラムされたメッセージを《喋って》くれます。

《ハイテク》機器の中には複雑で高価なものもありますが、プログラミングや操作が比較的簡単なものもあります。たとえば、BIGmack（AbleNet社）は、マイクロスイッチの付いた小さな機器で、押すと、録音された一種類のメッセージが最長20秒間音声で出てきます。メッセージの録音は数秒でできますし、誰の声でも録音することができます。新しいメッセージは古いメッセージに上書きする形でいつでも録音できます。そのため、たとえば、メッセージの録音を誰かに手伝ってもらえば、幼稚園児くらいの子どもでも、以下のように BIGmack を使えます。

a．登校したときに、先生やクラスメートに「おはようございます」と挨拶ができます。

b．クラスメートと一緒に「国旗に対する忠誠の誓い」を朗唱できます。

c．国語の時間には、先生が読んでいる物語の繰り返しの部分（「ブラウン・ベア、ブラウン・ベア、お前は何を見た？」）を「復唱」して、授業に参加できます。

d．輪になって、鬼が誰かの頭に触るとき、「ダック、ダック、ダック、ダック、グース」とかけ声をかけることができます。

もちろん、BIGmack でできることは多くはないでしょうが、創意工夫をすれば、教室での諸活動への参加促進という点ではとても役に立ちます。その他にも、基本的な電子機器には、MessageMate（Words+, Inc.）や Talara（Zygo Industries, Inc.）などがあります。

20件以上のメッセージ（1,000件以上のものも！）を出力できるものもありますが、より複雑なものなので、プログラムや操作が難しくなります。もちろん、こうした機器の長所は、極めてたくさんのメッセージ（たとえば、「こんにちは」「手伝ってください」「休憩させてください」「トイレに行き

たいです」など）を前もってプログラムできることです。さらに、これらの機器の多くには、他にも機能が付いています。たとえば、プリンター、電卓、長い文章やスピーチを保存できる大容量の記憶媒体、一般のコンピュータと接続できるインターフェースなどです。いくつか例を挙げると、ChatBox 40（Prentke Romich Co.）、Macaw（Zygo Industries, Inc.）、Dynavox Maestro（Dynavox Systems, Inc.）などです。現在、大多数の機器では、デジタル化された人の声か高品質の合成音声が使われています。メッセージを流すためのボタンの大きさは問題ではありません。現在の電子機器のほとんどは、使う人の運動スキルに応じてカスタマイズできるからです。

　コスト面（価格は200ドル以下から、10,000ドル以上！）は別にしても、電子機器の大きな短所の一つとして、非電子的なものよりも持ち運びしにくい点と壊れやすい点があげられます。電子機器は壊れることがあります（修理には専門家が必要かもしれません）。バッテリーが切れたり壊れることもあります。スイッチが壊れることもあります。場所が変わると持ち運べないものもあります。メッセージをプログラムするのに、定期的に他の人の助けが必要なこともあります。加えて、電子機器を持っていればコミュニケーション上手になるというわけではないことも、強調しておく必要があります。バスケットボールを持っているからといって、誰もがマイケル・ジョーダンやレブロン・ジェームズのようになるわけではありません！　電子機器はコミュニケーションのための《道具》であり、自閉症の子どもには、他のコミュニケーション技法の使用法を教える場合と同様に、意味のあるやり方で機器の使用法を教える必要があります。電子機器を、コミュニケーションの問題に対する「応急処置」と見なすべきではありません。

iPadはどうか？

　2010年にAppleのiPadが発売されて以来、専門家や保護者は、自閉スペクトラム症の人を含め、様々なニーズのある人々のために、タブレット機器でコミュニケーションを促進する方法を模索してきました（Kagoharaら, 2010）。iPod Touchが2007年に発表されて以来、数多くのアプリケーション、つまり《アプリ》が開発されてきました。iPod Touchのタッチ画面は

表 5-1. iPod/iPad AAC アプリケーション

アプリ	特　徴	価　格
Answers: YesNo HD 　www.simplifiedtouch.com	2 ボタン音声生成アプリ	1.99 ドル
My Choice Board 　www.goodkarmaappl ications.com	音声生成選択ボード	9.99 ドル
I Can Speak 　http://lazyriver.on-rev.com/	音声生成アプリ	29.99 ドル
Grace App 　http://graceappforautismoniphone. blogspot.com/	非音声生成型 PECS に基づく コミュニケーション・アプリ	37.99 ドル
Sounding Board 　www.ablenetinc.com	音声生成アプリ	49.99 ドル
TouchChat HD 　www.silver-kite.com	音声生成アプリ	149.99 ドル
Proloquo 2 Go 　http://proloquo 2 go.com	ダイナミック・ディスプレイ 音声生成アプリ	189.99 ドル
DayLeaf 　www.friendleaf.me	視覚的スケジュール作成	0.99 ドル
Picture Scheduler 　http://www. iankuj.com/Picture_ Scheduler.html	視覚的スケジュール作成	2.99 ドル
First Then Visual Schedule 　www.goodkarmaapplications. com	視覚的スケジュール作成	9.99 ドル
iPrompts 　www. hondholdadoptive.com	視覚的スケジュール作成、 視覚的タイマー、選択	49.99 ドル

小さいので、指さしスキルやその他の微細運動スキルがよくなければ、操作が困難になることがあります。ただし、iPad のタッチ画面は 9 インチなので、様々な運動能力の人でも利用しやすいです。[訳注4]iPad は、モデルにもよりますが、499 ドルから 829 ドルの価格で、最近のほとんどの音声生成機器よりもはるかに安価です。価格が 1.99 ドルから 299.99 ドルの範囲の AAC アプリと組み合わせることで、1,000 ドル以下の価格で軽量で強力な AAC 機器を購入

訳注 4：現在は、9.7、10.5、12.9 インチのタッチ画面のものがあります。

することが可能になりました。

　iPod Touch と iPad 用のいくつかのアプリは、言語理解を助けるために使うことができます。視覚的なスケジュールやソーシャル・ストーリーズ™を作成するためのアプリもあります。さらには、表出コミュニケーションを助けるためのアプリもあります。これらのアプリは、簡単なものから複雑なものまでいろいろあります。一つのメッセージをコミュニケートできるもの（たとえば、TapSpeak Button）もあれば、いくつかのメッセージのうちの一つを選択できるようにするもの（たとえば、Answers：Yes No HD, Sounding Board）、さらには何百ものメッセージを作れるもの（たとえば、TouchChat HD, Proloquo 2 Go）。表5-1に、いくつかの AAC アプリとその価格を示しました。これらすべてのアプリ、そして、その他にももっと多くのアプリが、iTunes ストア（https://www.apple.com/jp/itunes/）から入手できます。

AAC システムをデザインする

　これまでのところで、使用可能な AAC シンボルと AAC 技術について基本的な理解ができたと思うので、AAC システムをデザインするために最重要決定事項についていくつか考えてみることにします。使用するシンボルの種類や、コミュニケーションに使えそうなメッセージの種類に関することです。

シンボルの選定

　それぞれの子どもにどんな種類のシンボルを使うかは、慎重に検討する必要があります。なぜなら、同じ種類のシンボルがどの子どもにも最適とは限らないからです。最も重要なことは、そのシンボルをコミュニケーションにどう使うかを、子どもが学習しやすいかどうかです。その子が絵や他のシンボルを使って、どのような関わり方をするかについて、知れば知るほど、ふさわしいシンボルの選定が容易になります。たとえば、本や雑誌の絵や写真

を見て過ごす子どもなら、絵や写真によるシンボルは、コミュニケーション・システムにおいて使いやすいでしょう。カラー写真からイラストや白黒の絵に至る様々なシンボルを並べたとき、子どもが白黒の絵を一番よく見て、手にも取るなら、白黒の絵シンボルから使い始めるとよいでしょう。

　結局、「どの種類のシンボルが最適か？」という質問に対しては、コミュニケーション・システムにおいてシンボルを使うことを、その子がどの程度容易に学習するかを観察しなければ答えることはできません。たとえば第6章ではPECSを紹介しますが、PECSは自閉症の子どもにコミュニケーション・スキルを教えるシステムの一つです。PECSを使って様々なシンボルを導入し、その子がどのシンボルの使い方を最も容易に学習するかを確認できます。

メッセージ

　おそらく最重要決定事項は、その子が様々な状況でコミュニケートする必要があるメッセージに関することでしょう。コミュニケーションのメッセージは、その機能に基づいて、主に4種類に分けられます。（a）要求とニーズ、（b）情報の共有、（c）社交的親密さ、（d）社交辞令です（Light & Binger, 1998）。

　要求とニーズのメッセージは、コミュニケートの仕方の学習が最も容易です。年少の子どもは要求やニーズをコミュニケートすることを最初に学習し、「〜が欲しい」「〜をください」「いやだ」「〜はいらない」などと言うようになります。非電子的および電子的コミュニケーション機器には、食べ物、活動、欲しいモノ、人について要求するために使うシンボルが入っていなければなりません。また、「いいえ」を伝えたり、休憩や手助けを求めたり、ひとりになりたいなどを伝えるシンボルも入っていなければなりません。

　情報共有のメッセージは、子どもがクラスメートや教師や家族などと情報を共有するためのものです。たとえば、多くの親は、子どもが学校から帰ってくると、「今日は学校で何をしたの？」と尋ねます。さらに、子どもは、授業で質問したり答えたりするときなど、もっと複雑な情報を交換しなけれ

ばならないときがしばしばあります。授業中に使う語彙に対応したシンボル
（たとえば、動物園について話すときには動物のシンボル、その月の祝日に
ついて話すときにはそれに対応したシンボルなど）があると、子どもは情報
を共有しやすくなりますし、この種のやりとりに参加しやすくなります。

　コミュニケーションの目的が、欲しいモノを手に入れたり情報を共有した
りすることではない場合も、よくあります。たとえば、単に他の人と一緒に
楽しむことが、コミュニケーションの目的である場合があります。自閉症の
子どもも、このような**社交的親密さ**のあるやりとりができる必要があります。
自閉症の子どもは、他者からの注目を得たり、他者と好意的なやりとりを
したり、他者とつながるためにユーモアを用いたりすることができるように
なる必要があります。自閉症の子どものコミュニケーション・システムにお
いて、少なくともいくつかのシンボルは、社交的親密さに関するメッセージ
（たとえば、「遊びに行こうよ！」「すごいね！」「好きだよ」など）でなけれ
ばなりません。

　最後に、コミュニケーションの目的の4番目は、その文化の中で重要な社
交辞令としての決まり文句に関することです。たとえば北アメリカでは、あ
る決まった状況で「どうぞ」「ありがとう」「すみません」と言うのが当たり
前とされています。誰かと会ったり別れたりするときには、「こんにちは」
とか「さようなら」と言い、もし手を差し出されたら握手をすることが、礼
儀正しいとされています。コミュニケーション・ディスプレイを使っている
子どもには、その文化で受け入れられ礼儀正しいとされる方法で、他の人と
やりとりすることができるシンボルを、使えるようにしておく必要がありま
す。

　これら4種類の中から、どのメッセージをディスプレイ上で使えるように
すべきかは、どのようにして決めるのでしょうか？　そのためには、次のよ
うな質問を考えてみてください。

■ 子どもが日常的に（たとえば、毎日）、あるいは頻繁に（たとえば、1
　日に数回）コミュニケートする必要があるのはどんなメッセージか？
　たとえば、挨拶、手助けの要求、「はい」「いいえ」、基本的な欲求や
　ニーズ（トイレ、水、食べ物など）に関する要求、社交辞令のメッセー

71

ジ（たとえば、「どうぞ」「ありがとう」）などでしょう。

■ 家庭や学校での活動への参加（たとえば、情報の共有）を促進するのは
どんなメッセージか？　たとえば、ある2年生の子どもは、図工で残っ
た紙片や学校集会でもらったチラシなど、様々な活動の《残り物》を見
せて、その日学校でしたことを母親に話します。

■ 人とのやりとりに加わりやすくしてくれるのは、どんなメッセージか？
たとえば壮行会に参加している高校生には、「がんばれ、チームのみん
な、がんばれ！」といったメッセージが BIGmack には必要かもしれま
せん。また、家族について、楽しかった出来事について、そして好きな
話題について、何歳の子どもでも話したいと思うでしょう。たとえば有
名バスケットボール選手や自動車について、写真入りのスクラップブッ
クやカードや雑誌のグラビアや好きな話題に関する品物などを使いなが
ら。

　このガイドラインを見ると、ほとんどの子どもが毎日たくさんのメッセー
ジをコミュニケートする必要があることがわかるでしょう。最初は、最も意
欲を起させるメッセージに関するシンボルを使うことから教えることが大切
です。しかし、「食べる」「飲む」「トイレ」「ジュース」「クッキー」「パズ
ル」など、具体的な《欲求とニーズ》のメッセージにコミュニケーションを
限定しないことも大切です。それだけだったら、なんと退屈なことか！　コ
ミュニケーション・システムは、子どもの社会的ニーズ、学習上のニーズ、
その他のニーズなども満たすに十分な多くのメッセージを伝えられるもので
なければなりません。

子どもに AAC システムの使い方を教える

　AAC システム導入の最初のステップは、家族と専門職が集まってチーム
として、子どもの現在のコミュニケーション・スキル、運動スキル、学習ス
キル、および特有の困難さなどについて話し合うことです。この話し合いで
得られた情報は、その子どもに適した AAC システムの選定とデザインの決

定に役立つはずです。チームの各メンバーは、その子についての知識とその子とのやりとりに基づいて、その決定に大きな役割を果たすことでしょう。その子が学校や幼稚園に在籍している場合や早期支援プログラムを利用している場合には、親、子ども本人、教師、言語聴覚士、他の関連サービス提供者、心理士か学習コンサルタントあるいは両者、そして管理者を、このチームに入れるべきです。

　子どものニーズが確定されたら、サービス提供機関は、親と話し合って、それらのニーズに対応するために、どんなサービスを提供するかを決めます。チームのメンバーたちは、コミュニケーション・システムの導入に必要なものを揃える計画や、子どもにその使い方を教える計画を立てます。それとともに、チーム・メンバーは、測定可能な形で年間目標を立て、その目標を達成するための最も効果的な指導方法を展開します。もし子どもが早期支援プログラムを利用しており、重度の能力障害があるなら、チームは、測定可能な形で中間目標（評価基準）を設定し、今後6カ月から1年の間の進捗状況を評価できるようにします。これらの情報はすべて、子どもの個別教育計画（IEP：Individualized Education Program）や個別家族支援計画（IFSP：Individualized Family Service Plan）に記載します。以下に示すのは、年間目標と中間目標の例です。

　年間目標　：キムは、大人やクラスメートに欲しいモノを要求する。
　中間目標1：キムは、欲しいモノを見たら、大人に近づき、自分のコミュニケーション機器で絵カード1枚のメッセージを出力する。これを、プロンプトなしで、学校で1日に最低20回行う。
　中間目標2：キムは、グループでの美術活動で、活動に必要なものを2つ、プロンプトなしでクラスメートに要求する。これを3回の美術の時間で毎回行う。

　個別教育計画（IEP）や個別家族支援計画（IFSP）には、誰が、何を、いつ、どこでしなければならないかを記載します。多くの場合、言語聴覚士が子どものAACシステムの専門責任者です。ということは、AACを導入して、子どもに教える語彙を決め、その語彙をどのような場面でどのように使うか

を子どもに教えるのは、言語聴覚士だということです。さらに言語聴覚士は、チーム・メンバー全員と協力して、子どもがあらゆる場面で AAC システムをできるだけ効果的に使えるようにしていきます。このことにもチームで取り組まなければならないのは、AAC を使う《計画》がチームによって作成されるのと同様です。子どもが上手にコミュニケートできるようになるためには、子どもとやりとりする人全員が、以下のことをすることが絶対に必要です。

- その子どもの AAC システムがどのようなものかを知っておく（たとえば、子どもはどのようにして電子機器のスイッチを入れ、どのようにして語彙を使うか？　子どもが使う手指サインは何を意味しているか？　子どもが使う絵カードは何を意味しているか？）
- コミュニケーションが必要な場面を作って、子どもが他の人にコミュニケートしやすくする。
- 計画遂行の責任者に、AAC システムの効果を最大限にするために、どんなステップを追加するべきかを提言する。これには、様々な活動の中で、他の子どもとやりとりする機会を必ず作ることが含まれます。

最後に

　これまで見てきたように、自閉症の子どもに適したコミュニケーション・システムを決める際に検討すべきことはたくさんあります。使用するシンボルの種類、伝えるべきメッセージ、その他たくさんの要因について検討しなければなりません。もし、あなたが最初からすべてを「間違いなくやる」ことが求められていると考えると、圧倒されてしまうでしょう。最も経験豊富な AAC の指導者であっても、一人ひとりの子どもに一番ふさわしい対応策を見つけるためには、様々な選択肢を試してみる必要がある、というのが現実です。ですから、弱気にならないでください。そして次のことを忘れないでください。言葉を話せない子どもにコミュニケーションの支援をすることは、おそらくあなたが贈ることのできる最高に価値ある贈り物なのです。

■ 引用・参考文献

注：これらの出版物の中には、専門職の読者のために書かれたものもあります。親のために書かれた出版物には、*を付けました。

Augmentative and Alternative Communication. 専門家向けの季刊雑誌. Decker Publishing, Inc., One James St. South, P. O. Box 620, L. C. D. 1, Hamilton, Ontario L8N 3K7 CANADA.

Beukelman, D. & Mirenda, P. (2005). *Augmentative and Alternative Communication: Supporting Children and Adults with Complex Communication Needs*. 3rd ed. Baltimore: Paul H. Brookes.

*Bloomberg, K. & Johnson, H. (1991). *Communication without Speech*. Victoria, Australia: ACER.

*Cafiero, J.M. & Meyer, A. (2008). Your child with autism: When is augmentative and alternative communication an appropriate option? *The Exceptional Parent, 38(4)*, 28-30.

*Cafiero, J.M. (2005). *Meaningful Exchanges for People with Autism: An Introduction to Augmentative & Alternative Communication*. Bethesda, MD: Woodbine House.

*Hill, K. & Romich, B. (1999). Choosing and using augmentative communication systems. Part 1: The goal, the team, and AAC rules of commitment. *The Exceptional Parent, 29 (10)*, 76-80.

*Hill, K. & Romich, B. (1999). Choosing and using augmentative communication systems. Part 2: AAC success stories: Making the rules of commitment work. *The Exceptional Parent, 29 (11)*, 60 -67.

*Hill, K. & Romich, B. (1999). Choosing and using augmentative communication systems. Part 3: Assessment, intervention, and resources. *The Exceptional Parent, 29 (12)*, 45-49.

Kagohara, D. M., van der Meer, L., Achmadi, D., Green, V.A., O'Reilly, M.F., Mulloy, A., Lancioni, G., Lang, R., & Sigafoos, J. (2010). Behavioral intervention promotes successful use of an iPod-based communication device by an adolescent with autism. *Clinical Case Studie*s, *9*, 328 -338.

Light, J. & Binger, C. (1998). *Building Communicative Competence with Individuals Who Use Augmentative Communication*. Baltimore: Paul H. Brooks.

*McNairn, P. & Shioleno, C. (2000). Augmentative communication. Part 1: Can we talk? Parents' perspectives on augmentative and alternative communication. *The Exceptional Parent, 30 (2)*, 72-73, 77-78.

*McNairn, P. & Shioleno, C. (2000). Augmentative communication. Part 2: Can we talk? Parents' perspectives on AAC: Making sense of technology and making it work. *The Exceptional Parent, 30(3)*, 80-83.

*McNairn, P. & Shioleno, C. (2000). Augmentative communication. Part 3: Can we talk?

Parents' perspectives on AAC: Selecting the right system, now and as your child grows. *The Exceptional Parent, 30* (4), 74-78.

*McNairn, P. & Shioleno, C. (2000). Augmentative communication. part 4: Can we talk? Individuals who use augmentative and alternative communication speak out. *The Exceptional Parent, 30* (4), 74-78.

Millar, D.C. (2009). Effects of AAC on the natural speech development of individuals with autism spectrum disorders. In P. Mirenda & T. Iacono (Eds.) *Autism Spectrum Disorders and AAC* (pp. 177-192). Baltimore: Paul H. Brookes.

Millar, D.C., Light, J.C., & Schlosser, R.W. (2006). The impact of augmentative and alternative communication intervention on the speech production of individuals with developmental disabilities: A research review. *Journal of Speech, Language, and Hearing Research, 49,* 248 -264.

Mirenda, P. & Iacono, T. (Eds.). (2009). *Autism Spectrum Disorders and AAC.* Baltimore: Paul H. Brookes.

*Murphy, P. (2007). Augmentative and alternative communication. *The Exceptional Parent, 37*(8), 48-51.

Sennott, S. & Bowker, A. (2009). Autism, AAC, and Proloquo2Go. *Perspectives on Augmentative and Alternative Communication, 18,* 137-145.

*Weiss, M.J. & Harris, S.L. (2001). *Reaching Out, Joining In: Teaching Social Skills to Young Children with Autism.* Bethesda, MD : Woodbine House.

技術リソース

AbleNet, Inc., 1081 Tenth Ave. N.E., Minneapolis, MN 55414-1312 (800-322-0956; www. ablenetinc.com).

Dynavox Systems, Inc., 2100 Wharton St., Pittsburgh, PA 15203 (888-697-7332; www. sentient-sys.com:80/000% 20Index.folder/Home.html).

ISAAC (International Society for Augmentative and Alternative Communication), 49 The Donway West, Suite 308, Toronto, ON, M3C 3M9, Canada. (416- 385-0351; http ://Isaac-online.org).

Mayer-Johnson Company, P. O. Box AD, Solana Beach, CA 92075-0838 (www.mayer-johnson.com).

Prentke Romich Company, 1022 Heyl Road, Wooster, Ohio 44691 (800-262-1933; www. prentrom.com).

Words+, Inc., 40015 Sierra Highway, Bldg. B-145, Palmdale, CA 93550 (800-869-2521; www.words-plus.com)-

Zygo Industries, Inc., P. O. Box 1008, Portland, OR 97207 (800-234-6006; www. zygo-usa. com).

第6章

絵カード交換式コミュニケーション・システム
（PECS）：最初のトレーニング

　初めてソフィーに会ったのは、彼女が3歳のときで、自閉症と診断されたばかりでした。ソフィーは言葉を話せず、通常のコミュニケーション・スキルはありませんでした。ソフィーがスナック菓子やジュースが好きなことは明らかで、そのことはテーブルの上にポテトチップスやオレンジジュースを置いておくと、勝手に食べたり飲んだりすることでわかりました。私がポテトチップスを手に持っていると、ソフィーは手を伸ばしてきました。そこで、そっと手を閉じてポテトチップスを隠すと、私の指をこじ開けてポテトチップスを手に入れようとしました。私が手にしているモノを取るとき、ソフィーはいつもモノだけを見て、私の目を見ようとはしませんでした。私がポテトチップスを手離さないと、泣き出しました。棚の高いところ、ソフィーの手が届かないところに、ポテトチップスや飲み物を入れたカップを置くと、それを見て、泣き出して床を転げまわりました。ソフィーは、特定のアニメビデオを見るのも好きでした。ビデオを消すと、ソフィーは親や大人の方を振り向くことはせず、テレビのところに行き、泣きながら自分の頭を叩き始めました。

　ソフィーがかんしゃくを起こす回数がどんどん増え、しかも激しさもどんどん増していくので、家族はみな心配でした。アセスメントの結果、ソフィーは簡単な行為すら模倣できず、単純な音や単語の模倣もできないことがわかりました。そこで、ソフィーが何かを欲しがっていることに気づいたら、いつでも PECS を教えることにしました。2～3日のうちに、ソフィーは、絵カード

を取り、テーブル越しに手を伸ばして、自分が欲しいモノを持っている人の手のひらに絵カードを置くようになりました。そして１週間後には、テレビが消されると、好きなビデオの絵カードを取って、そばに座っている母親に手渡すようになりました。ソフィーが以前よりも落ち着き、親とかかわる時間が増えたことは、誰の目にも明らかでした。この時点では、まだ模倣もうまくできず、言葉も話せませんでしたが、機能的コミュニケーションの最初のステップ（すなわち聞き手の存在に気づくこと！）を学習したことは明らかでした。

　年少（５歳未満）の自閉症の子どもで、教育プログラムや治療プログラムの開始時に、話し言葉やその他の通常のコミュニケーション・システムを使えない子どもはたくさんいます。言葉を話せない子どもの場合、私たちの願いはもちろん、できるだけ早く話せるようになることです。しかし、機能的コミュニケーションについての章で述べたように、こうした子どもたちの重要な問題は、どの様式のコミュニケーション・スキルも欠如していることです。加えて、年少の自閉症の子どもは最初に診断された時点では、動作や音声の模倣が難しい場合が多いこともわかっています。重要な疑問として、次のことがあります。つまり、発話や模倣を必要とせずに、子どもにコミュニケーションを迅速に教える方法はあるのか、ということです。幸いにも、その答えは「あります」です。

　本章では、絵カード交換式コミュニケーション・システム（PECS）について詳しく紹介します。私たちはこのシステムの開発に長い時間をかけ、主に年少の自閉症の子どもを対象に発展させてきました（Bondy & Frost, 1994; Frost & Bondy, 2002）。このシステムの使い方や、より複雑なコミュニケーション・スキルへ発展させる最良の方法について、詳しく説明します。ここで述べるトレーニング方法の多くは、あらゆる AAC システムの利用指導に組み込むことができますし、また組み込まれるべきものです。

PECS の開発

　30 年以上前、私たちは、音声模倣も絵の指さしも困難な、自閉症の男の

子とのコミュニケーションに取り組んでいました。彼の好きなモノに対応させた絵を並べ、指さしすることを教えようとしました。しかし、この取り組みの中で、多くの問題にぶつかりました。まず、彼の幼さのせいでもあるのですが、確実に指１本で１枚の絵に触れることが難しかったのです。加えて、外で起きていることに目を奪われながら、絵に触れることがあったのです。彼が指さしているものが本当に欲しいのか、彼が見ている窓の外のモノが欲しいのか、それとも単に指が絵を並べたボードを叩く音が好きなだけなのか、私たちは確信を持てませんでした。

　一部の自閉症の子どもが、何かが欲しいときに、絵カードを指さすことを教えられてはいましたが、相手にメッセージが《伝わること》を確信するために人に近づくことは、教えられていなかったという観察結果にも、私たちは注目しました。つまり、彼らは部屋の奥に座ったままで、コミュニケーション・ボードの絵カードを指さすことはできても、たまたま誰かがそれを見ていなければ、その指さしは何の役にも立たなかったのです。その子たちは、絵カードを指さすことは学習したのですが、人とコミュニケートする、つまりやりとりすることを学習してはいなかったのです。

　結局私たちは、絵カードを指さすことを子どもに教えるために、従来から用いられている方法に関心を持ちました。つまり、私たちは提示したモノと絵カードとのマッチングを教えようとしたのです。たとえば、ボールを見せて、（従来からのやり方ですが、いささか奇妙な言い方で、たとえば「合わせて」や「同じモノを見つけて」など）簡単な指示をし、対応する絵カードを指さすことを子どもに教えようとしました。モノと絵カードとのマッチングを教える前に、モノとモノとのマッチングが確実にできるようにしておかねばならない、と多くの専門家がアドバイスしてくれました。この種のマッチング指導では必ず、やりとりを始めるのは、子どもではなく指導者でした。一部の子どもは、私たちがモノを提示したり言葉で指示したりして、マッチングの手順を開始してから、絵カードを指さすのでした。したがって、そういう子どもたちは、コミュニケーションをとるときに、大人からのプロンプトに依存しており、やりとりを自分から開始することはできなかったのです。

　私たちが関わっていた男の子は、動作模倣が確実にはできなかったので、

模倣はせずに機能的にコミュニケートすることを教える方法を、私たちは考案しなければなりませんでした。幼い子どもは通常、他者を模倣しなくても、コミュニケートすることを学習できる、と私たちは考えていました。つまり、子どもは大人に接近して、洗練された公式のメッセージではないにしても、コミュニケーション的な活動を行うことを学習します（たとえば、18カ月の女の子は母親を見ながら、同時に、床に落ちたボールに手を伸ばします）。

　そこで、今欲しいと思っているモノの絵カードを1枚、私たちに手渡すことを、この子どもに教えることにしました。通常のコミュニケーションと同様に、絵カードを渡すためには、私たちに近づく必要があります。まず、この子の好物であるプレッツェルの絵カードを作りました。一人がプレッツェルで子どもを誘い、もう一人が自分の手をその子の手に重ねてプロンプトし、徐々に、絵カードを手渡してプレッツェルと交換することを教えました。指導の経過の中で、徐々に身体プロンプトを減らし、他にもその子が欲しがるモノやしたがる活動の絵カードを、《語彙》に加えていきました。最終的には、何枚かの絵カードを並べて文を作ることを教えました。

　私たちは、これと同じやり方でコミュニケートすることを、他の自閉症の子どもたちにも教え、やがてこの方法を《絵カード交換式コミュニケーション・システム（PECS）》と名づけました。この方法で次のことを成し遂げたいというのが、私たちの願いでした。

　1．子どもが、（大人からの合図に頼らないで）自分からコミュニケーションを始める。

　2．子どもは、コミュニケーションの相手を見つけて、その人に近づく。

　3．子どもは、1枚の絵カードだけを使い、はじめのうちは絵カードの弁別に混乱しないですむ。

　私たちは、このコミュニケーション方法によって、起こりうるある種の問題を回避できることも期待しました。すなわち、

　1．子どもは、大人からのプロンプトに頼る必要はない。

　2．この指導を始めるまでに、動作模倣や言語模倣を学習しておく必要は

ない。

3．この指導を始める前に、指示に応じて目を合わせることを学習する必要はない。

4．この指導を始める前に、静かに着席することを学習する必要はない。

5．コミュニケートすることを迅速に学習するまでに、絵カードとモノとのマッチングを学習する必要はない。

　もちろん、動作・音声・言葉を模倣することや、着席して指導者に注目すること、指示されて相手を見ることなどの学習は、いずれも最終的には重要なことです。しかしこういったことは、子どもが自分の要求や要望を、機能的にコミュニケートすることを学習する上での前提条件とはなりません。機能的コミュニケーションに必要なのは、子どもが誰かに近づいて、メッセージを伝えることです。そして PECS は、多くの自閉症の子ども（および大人）に、これを絶対可能にします。

PECS を始めるための前提条件は何か？

　PECS を始める前にまず、その子は自分にとって強化的な事物について人に知らせるために、どのようなことをしているかを、検討しなくてはなりません。すなわち、お菓子、おもちゃ、アクセサリー、その他こまごましたモノを取ろうとして手を伸ばすなら、そういったものに手を伸ばすかわりに、絵カードに手を伸ばすことを教えられるはずです。

　子どもには特別な微細運動スキルは必要ありません。もし、小さなものをつまみ上げることが難しいなら、絵カードを扱いやすく工夫すればよいのです。たとえば、木片や発泡スチロールなどを絵カードに貼り付けて、つかみやすくすることができます。絵カードの大きさを変えて、扱いやすくすることもできます。

　PECS を始めるにあたって、子どもには絵の意味がわかっている必要もありません。PECS の最初の目的は、他の人とのやりとりを自分から始めることを、子どもに教えることなので、交換することを教える前に、絵の意味

を教える必要はないのです。PECS トレーニングのフェイズⅢに入るまでは（本章後述）、メッセージの選択には取り組みません。

　私たちは、標準化された発達検査が示す認知的な必要条件には、特に注意を払いません。つまり、PECS を効果的に学習するためには、最低限到達していなければならない発達年齢というものはないのです。それよりも、自分にとって強化的なものを、ある形で明確に示すことができる（たとえば、おもちゃの方に手を伸ばす）ということが観察されていることが重要です。その形を、最終的には絵カードという物理的なシンボルを操作することに変えていくことができるのです。重ねて言いますが、目を合わせる、静かに着席する、簡単な一連の指示に従う、絵カードとモノまたは絵カードと別の絵カードとを対応させるなどのスキルは、PECS に必要な前提条件ではありません。

　最後に、PECS が有効なのは、言葉を話せない子どもばかりではありません。PECS の最初のフェイズでは、自分からコミュニケーションを始めることが、指導の第一目標です。したがって PECS は、言葉を話せない子どもによく用いますが、話すことはできても自分からは話そうとしない子どもにも有効です。

PECS は誰にふさわしいか？

　PECS が助けとなる人かどうかを判断する際に、とても役に立つ一連の問いを考えました。

1. その人は、機能的なコミュニケーションを現在使っていますか？
   もし NO なら、PECS が適しています。
   もし YES なら、PECS が適していることもあります。
2. その人のコミュニケーション様式は、見ず知らずの人にも理解できますか？
   もし NO なら、PECS が適しています。
   もし YES なら、PECS が適していることもあります。
3. その人は、機能的なコミュニケーションを自発していますか？

もし NO なら、PECS が適しています。

もし YES なら、PECS が適していることもあります。

4．PECS によって語彙の拡大やメッセージの平均長 / 複雑さの拡大に役立つ可能性がありますか？

もし YES なら、PECS が適しています。

PECS 指導のフェイズとは？

　私たちは、PECS の学習ステップを 6 つのフェイズに分けています。フェイズ I では、自分からコミュニケーションを始めることを、子どもに教えます。フェイズ II では、絵カードの使用を、他の人、他の場所、他の強化子へと拡大します。フェイズ III では、複数の絵カードから特定のものを選択することを教えます。フェイズ IV では、簡単な文を作ることを教えます。このフェイズでは、自分の要求を修飾するための属性語の使い方を教えて、要求対象をもっと具体的に示すことも教え始めます。フェイズ V では、「何が欲しいですか？」という直接的な質問に答えることを教え、フェイズ VI では、様々な事物や活動についてコメントすることを教えます。

　この章ではフェイズ I からフェイズ IV までを紹介し、第 7 章では属性語とフェイズ V、フェイズ VI を取り上げます。

PECS 指導の始め方

　コミュニケートすることを教える前に、そもそもその子どもにとってコミュニケートする理由がなければいけません。第 1 章では、コミュニケートする大きな理由を 2 つ指摘しました。つまり、1）具体的な事物や行為を得るため、2）注目や称賛などの人的強化子を得るため、の 2 つです。年齢がとても低い自閉症の子どもの場合、人的強化子は動機づけにはあまり効果がないことがわかりました。したがって、その子どもの好きなモノで、しかもそれへの子どもの接近を、あなたがコントロールできるモノについてのコミュニケーションを教える方が効果的でしょう。

何が子どもの強化子かを知ること

　本格的にPECSを教え始める前に、その子の好きなモノを知っておく必要があります。すなわち、強化子や報酬になりそうなモノを、たくさんリストアップしておく必要があります。

　こうした強化子アセスメントをするためには、子どもがしていることを体系的に観察しなくてはなりません。子どもとあらためてコミュニケーションをとる必要はありません。簡単に「何が好きなの？」と子どもに聞くことも、もちろん役には立つでしょうが、他にもいくつかの方法でその答えを知ることができます。第1に、その子の好みについて親や支援者に尋ねることができます。第2に、様々な状況を設定して、子どもの行動を観察することもできます。たとえば、大人が手のひらにキャンディを載せて（あるいはテーブルの上に置いて）、子どもがキャンディを取るかどうかを観察します。また、おもちゃをいくつかテーブルの上に置き、子どもがどのおもちゃで（通常の遊び方であれ、独特な遊び方であれ）遊ぶかを観察します。第3に、何をすることに多くの時間を費やす傾向があるかについても観察します。たとえば、積み木を繰り返し重ね続ける子どもは、多分積み木が好きなのだろうと推測します。

　子どもの好きなモノを一そろい見つけることを目指します。また、食べ物や飲み物ばかりにならないようにします。PECS（あるいはその他のコミュニケーション・システム）で経験することが、おやつに関することだけになってしまうと、おやつのある場面でのみコミュニケーション・スキルを使用し、他の状況では使用しないでしょう。新しいスキルを様々な場面で使うことを教えるために、コミュニケーションの機会をいろいろと迅速に導入する計画を念入りに立てなければなりません。

　どんなモノを子どもが好むかがわかったら、好きなモノに優先順位をつけることが役に立ちます。それはこのようにします。好きなモノを2つ選択肢として子どもに提示します。たとえば、一方の手にキャンディを載せ、もう一方の手には単純なおもちゃを載せ、何度か子どもに提示して、どちらを取る傾向にあるかを観察します。キャンディを様々なものと対にして提示する

ことで、その子はいつもキャンディを選ぶということがわかるかもしれません。続いて同じような比較をすることで、その子に提示した他のモノについても優先順位を決めることができます。こうした優先順位の決定は、子どもが明らかに好きではない（押しのけてしまう）モノが見つかるまで、続けることをお勧めします。嫌いなモノも重要です。なぜなら、穏やかに拒否することを教えたいときや、2つのモノから正しく選択しているかを確認するときに使えるからです（たとえば、「キャンディは好きだけど、ピクルスは大嫌い！」）。

　こうした好き嫌いのアセスメントにおいては、提示されたモノを得るために、子どもはどれくらい努力するかについても、アセスメントすることが重要です。モノを直接手に入れるための努力よりも、何かについてコミュニケートするための努力の方を頑張るとは考えにくいのです。したがって、モノを手に入れることに受身的で、自分からはほとんど努力をしようとしない場合には、PECS の使い方を教える前に、まずは、欲しいモノをもっと明確に指し示すことに、取り組む方がよいでしょう。それには、視界にあるモノを手に入れるために数メートル歩いて行く、モノをつかんでいる人の指をこじ開ける、欲しいモノの一部をおおっているものをめくる、などがあります。当然ながら、子どもが強化子を直接手に入れるための努力をほとんどしないなら、その強化子に対応する絵カードを手に取ることにさらに努力するとは思えません。

　強化子を見つける際に、子どもが何に抗議するかを観察するとよいことがあります。たとえば、いつもは積極的にテレビを見ようとはしないのに、アニメのビデオを再生すると見るということがあります。さらに重要なことですが、あなたがテレビを消すと、子どもはぐずり始めたり、どうして消えたのかを突き止めるかのように、あたりを見回すかもしれません。そのときが指導を始めるチャンスです。なぜなら、そのとき、その子はテレビを見たいと強く動機づけられているからです。

フェイズⅠ：コミュニケーションの自発

　PECSの最初のステップでは、自分から要求することを、子どもに教えます。模倣や見本合わせのスキルをあらかじめ必要とする指導方法では、子どもが模倣できるようになったり、「何が欲しいの？」「これは何？」などの質問に答えられるようになってから、自発的なコミュニケーションに取り組むことが多いです。私たちは、自発的なコミュニケーションをできるだけ早く教えることが、とても重要だと考えているので、自発がPECSの最初の目標なのです。

　先に述べたように、子どもにとって魅力的なモノが見つかったら、PECSを始めてください。欲しいモノの絵カードを取って、実物と交換することを教えるのです（絵カードの作り方については、88ページの補足説明を参考にしてください）。PECSを教える準備ができたら、まず、子どもがそのモノ〔強化子〕を確実に欲しがるようにしなければなりません。その可能性を高めるために、それを一定期間与えないようにしてください。そうすれば、それが欲しくなるからです。そうすれば、それを目にしたときに、手に入れたいという気持ちが高まるでしょう。それを手に入れようとする子どもの思いを強めるには、他にも方法があります。表6-1を参考にしてください。

　PECSの最初のレッスンを始めるときには、子どもの注意は好きなモノの方に向いているでしょう。その《絵カード》を手に取ることを、どのように

表6-1. コミュニケーション強化方法*

1. 子どもの好きなモノを、自分では取れないようにする	子どもの好きなモノを、子どもには見えるけれど、手は届かないところに置く。たとえば、高い棚の上、カウンターの上、蓋を固く閉めた透明の容器の中など。簡単に与えないようにする。
2. 少しずつ与える	食事やおやつのときは、一口サイズや少量を与える。サンドウィッチは切り分けて、少しずつ与える。飲み物も、一口分か二口分ずつカップに注ぐ。おかわりができることを理解しやすくするために、「ジュースはまだあるよ」と言ったり、食べ物や飲み物の実物を見せたりして、**微妙な**合図を出す。

表6-1のつづき

3. 子どもの前で、子どもの好きな飲み物や食べ物を、ほんの少し食べたり飲んだりする	子どもの見えるところで、子どもが本当に好きな物を、食べたり飲んだりしてみせる。食べたり飲んだりしながら、とてもおいしそうにする（「このジュース、おいしい！」）。
4. 手助けを必要とさせる	遊びたいけど、遊ぶためには手助けが必要なモノを与える。おもちゃのゼンマイを巻いたり、テレビ・ラジオ・CDプレーヤー・パソコンなどのスイッチを入れたり、容器の蓋を開けたりするために、あなたの手助けを求めるよう子どもを促す。
5. 好きな共同活動を中断する	あなたと一緒にする子どもの好きな活動を始める。2人で楽しんでいる活動を中断し、もっと続けたい思いを伝えるよう子どもを促す。たとえば、ブランコに乗っている子どもを押しながら、いったん空中で止める。
6. 子どもの好きではないモノを与える	好きではないモノや活動を提示し、適切な方法で「イヤ」と伝えるよう促す。
7. 選択肢を与える	黙って子どもの好きなモノを2つ提示する。そして、どちらが欲しいかをあなたに知らせるのを待つ。
8. 子どもの期待を裏切る	子どもと一緒にジグソーパズルを始める。子どもがピースを3つか4つはめたら、明らかにはまりそうにないピースを与える。
9. 子どもを驚かす	「うっかり」何かをこぼしたり、落としたり、壊したりする。あっと驚いて「ちらかった状態」を見、それから子どもを見て、反応を待つ。

*《コミュニケーションへの誘い》の完全なリストについては、次の論文を参照のこと。
Wetherby, A.M. & Prizant, B.M. (1989). The expression of communicative intent: Assessment guidelines. *Seminars in Speech and Language, 10*, 77-91

これらの方法を使うときは、提示したモノに子どもが興味を示して反応したら（それを見つめたり、それの方に移動したり、見たり、手を伸ばしたり、それがあるところまであなたを引っ張って行こうとしたら）、間をあけて、**待つ**。子どもの反応をすぐにプロンプトしては**ならない**（「何が欲しいの？」とか「～と言って」と声をかけてはならない）。もしそれをすると、模倣したり指示に応じたり質問に応答したりすることになるかもしれない。待つことによって、子どもがあなたと自発的にコミュニケーションをする可能性が高まる。期待を込めて見つめたり、肩をすくめたり、眉を上げたりしながら、少なくとも5秒間は待つ。それでも反応がなければ、少しだけプロンプトする。たとえば、コミュニケーション・ブックを指さす、単語の最初の音を言う、別の人に反応の**モデル**を示してもらうなど。別の技法として、「キャリヤー・フレーズ」を言う方法がある。たとえば、子どもに向かって「（モノの名）くだ」と、ゆっくりと言い、「くだ……」と言った後で期待を込めて間を置き、子どもが「さい」と言うのを待つ。

　前章で述べたように、拡大・代替コミュニケーション・システムでは、様々なシンボルを使うことができます。写真、絵、製品のロゴ、三次元立体物や実物のミニチュア（たとえば、台所用マグネット、合成樹脂で覆った実物など）といったものがよく使われています。これらのシンボルは、白黒のものもあれば、色のついたものもあります。子どもが扱いやすいものであれば、どれも PECS で使うことができます。

　子どもによっては、絵カードをラミネートなどで表面を覆って保護しておくとよいでしょう。繰り返し使えますし、マジックテープ© を貼ればコミュニケーション・ブックへのシンボルの着脱も容易になります。絵カードを何らかの方法で補強しておいた方がよいこともあります。補強材としては、厚紙、段ボール、薄い板やプラスチック、さらには金属の蓋も使えます。身体障害のために、絵カードをつまみ上げたり保持したりすることが難しい場合には、絵カードを加工したり（たとえば、木製のつまみを絵カードに付ける）、子どもが取りやすい角度になるよう、絵カードを垂直のボードや傾けたボードに貼ったりします。

して教えればよいでしょうか？　最初にこのレッスンに取り組んだとき、私たちは自然なアプローチを試してみました。それは、子どもの好きなモノを持っている人自身が、子どもを身体的にプロンプトして、子どもに絵カードを取らせ、それを手渡させるというやり方です。しかし、このやり方には、いくつか問題がありました。一つは、一方の手でそのモノを持ち、もう一方の手を使って子どもをプロンプトすると、子どもから絵カードを受け取る手がないということです。もっと重要なことは、好きなモノを持つ人が同時にプロンプトする人でもあると、子どもはプロンプトをただ待つだけになりやすいということです。この問題を解決するために、ここでのトレーニングを、２人がかりで行います。

　一人は子どもの正面に位置して、表6-1の方法を使って、子どもにとって望ましいモノで気を引きます。この人（コミュニケーション・パートナーと呼びます）は、言語プロンプトを使わないようにします。つまり、「何が欲しいの？」とか「絵カードをちょうだい」といった簡単な質問や合図を口にしないようにします。このようなプロンプトをすると、子どもからは行動

を起こさず、質問されるのを待つということを学習してしまうおそれがあります。それに、子どもが手を伸ばすことで、子どもが何を欲しがっているのかがわかるので、そうした質問は無用です。子どもの気を引くモノに子どもが手を伸ばしたら、子どもの背後に座るか立つかしているもう一人が、次の動作をプロンプトします。

■ 絵カードを取る（必要な身体プロンプトは様々）。

■ 正面の人（コミュニケーション・パートナー）に手を伸ばす。

■ その人の手のひらに絵カードを置く。絵カードを受け取ったコミュニケーション・パートナーは、要求されたモノを速やかに渡しながら、その名前を言う。(写真を参照)

このステップを遂行するためには、本章の最後の節「フェイズⅠとフェイズⅡのレッスンを効果的に行うために」を参照してください。

もう一人の指導者、身体プロンプターの役割は、（このレッスンの中では）できるだけ早く身体プロンプトを撤去することです。プロンプトを撤去するには、最後から逆の順でプロンプトをやめていく方法が、最も効果的です。すなわち、絵カードを取ることと絵カードを持つ手を伸ばすことについ

て身体プロンプトをしながら、絵カードを手渡すことのプロンプトはやめるのです。その次には、絵カードを取ることはプロンプトしますが、手を伸ばし、絵カードを手渡すことはプロンプトしないようにします（何度かに渡って、少しずつプロンプトをなくして行くことが多いです）。このように、身体プロンプトをやめて行く際には、子どもの手から、手首、肘へというように、触る部位を変えていきます。最後に、絵カードを取ることのプロンプトもやめます。正式にはこのやり方を《逆行連鎖化》と言います。

　プロンプトをなくしていく速さは、多くの要因によって決まります。たとえば、モノを手に入れることに子どもがどれくらい意欲的か、プロンプターの身体プロンプトの出し方ややめ方がどれくらい上手か、などによって違います。この指導方法を効果的に使えさえすれば、身体プロンプトは、専門家や家族だけでなく、子どもでもできます。

　自閉症の子どもの中には、この最初のフェイズを数分で学習してしまう者もいれば、数日かかる者もいます。子どもの意欲の程度に応じて、指導セッションの長さを考えるべきです。興味を引くために用意したモノを、子どもが欲しがらなくなるまで指導を続けてはいけません。そうでないと、欲しくないものを子どもに要求させることになってしまいます。したがって、何回子どもにやってもらうかを、前もって正確に決めておくのは困難です。私たちは、子どもがうまくやれていて、使っているモノをまだ欲しがっているうちに、セッションを終了するようにしています。一日の中で、他にも指導の機会を作ることができるからです。

　子どもが要求したら、何でもいつでも与えるわけにはいかないときがやってきます。要求されたモノがなくなってしまったり、要求された活動をする時間ではなかったりということがあるでしょう。いずれにしても、子どもに「ダメ」と言う必要があるわけです。こうした状況での対処法を、第7章でいくつか紹介します。

強化子の強化力を維持する

　前にも述べましたが、コミュニケーションを誘うために用いている強化子

に、子どもがもはや興味を持てなくなると、指導の効果はなくなります。ですから、よく考えて強化子を選ぶだけでなく、強化子が強化力を確実に維持していることも重要です。

　強化子になり得るものの中には、すぐに消費されてしまうものもあります。たとえば、お菓子や飲み物は、子どもが飲んだり食べたりするとなくなります。同様に、シャボン玉やシール、ゼンマイ仕掛けのおもちゃ、電子機器（特にリモコンであなたが操作する場合）、コマなどは、勝手になくなったり動かなくなったりします。このようなモノの場合、こうしたものを要求し、消費してしまったら、子どもは十中八九、再度同じモノを求めます。一般に、このようにすぐに消費されるものを使って指導を始めるのは、すべてが食べ物や飲み物になってしまわないかぎりは、やりやすい方法と言えます。

　反対に、子どもが持ったままでいるような強化子もあります。たとえば、好きなおもちゃや人形、本などです。こういったモノを要求され、ひとたび与えてしまったら、次の要求はどう引き出せばよいのでしょうか？

　方法は2つあります。まず、子どもによっては、好きなモノをさらに集めることが魅力的なことです。たとえば、おはじきの好きな子どもであれば、要求して1つ手に入ったら、さらに要求したいと思うでしょう。そうすれば、おはじきをたくさん貯めることができます。

　もう一つの方法は、子どもに与えたものをあっさりと取り戻すことです。この場合、与えたものを返してくれるよう頼んではいけません。それは、また別の新しいレッスンということになります。それよりも、「私の番ね」と（穏やかにさらっと）言って、取り返しましょう。もし子どもがちょっと怒った様子を見せるなら、次の要求を引き出しやすくなります。ただし身体プロンプトをする人の準備ができていればの話です。もちろん、子どもがひどく怒ってかんしゃくを起こしたり、自傷行動や他傷行動に発展したりするようなら、このレッスンは終了すべきです。このような場合、望みのモノと絵カードの交換が確実にできるようになるまでは、もっと「消費しやすい」モノを使って、この部分のトレーニングをすることをお勧めします。

フェイズⅡ：絵カード使用の拡大

　PECS トレーニングの次のステップでは、コミュニケーションのより現実的な側面を導入します。たとえば、フェイズⅠのレッスンでは、コミュニケーション・パートナーは子どものすぐ前にいて、子どもは手を伸ばしてコミュニケーション・パートナーに絵カードを手渡すだけでした。明らかに、こうした状況は現実世界ではあまりありません。そのため、子どもの持続性を高めるために、コミュニケーション・パートナーは、子どもから徐々に離れていかなければなりません。同様に、フェイズⅠのレッスンでは、子どものすぐ前に絵カードを置いていました。これも現実世界ではあまりないことです。この場合、子どもから徐々に絵カードを離していきますが、絵カードはまだ子どもの視野の中に置きます。そうすれば、コミュニケーション・パートナーに手渡すべき絵カードを取ることの方に、努力を向けることができるでしょう。

　このフェイズⅡから、《コミュニケーション・ブック》を使います。これは３リング・バインダーで、表紙にマジックテープが貼ってあります。コミュニケーションに使う絵カード１枚を、コミュニケーション・ブックの表紙に提示し（指導者が貼ります）、他の絵カードはバインダーの中に入れておきます（写真参照）。家族や教師は、そのときの活動や子どもの興味に応

じた適切な絵カードを１枚、必ずコミュニケーション・ブックの表紙に貼っておきます。このコミュニケーション・ブックは、そこに自分の絵カードがあるということを子どもが意識するのを助け、自分がいずれは使うかもしれない絵カードがすべて収納される場所となります。

　PECS トレーニングのフェイズⅡでは、意欲的になれるアイテムや活動を増やします。たとえば、トレー

ニングの最初の強化子としてキャンディを用いたなら、次には別のアイテム
を用いなければなりません。この場合、最初のアイテムとは異なるもの、た
とえば食べ物ではないものを加えることが大切です。私たちは、子どもの好
きなおもちゃや、音楽やテレビを楽しむ権利を強化子とします。私たちの目
標は、子どもに機能的コミュニケーションの自発を教えることだということ
を忘れてはいけません。しかもそれは、おやつや食事のときだけでなく、子
どもからのあらゆる要求場面で使えるコミュニケーション・システムでなけ
ればなりません。

　まとめると、PECS トレーニングのフェイズⅡの目標は、次の３つを拡大
することです。

　　１．子どもとコミュニケーション・パートナーとの距離
　　２．子どもと絵カードとの距離
　　３．子どもが要求できるアイテムの数

　コミュニケーション・ブックに貼る絵カードは、必ず一度に１枚だけにし
て、上述の目標を達成します。

　この時点の指導では、なぜ絵カードの選択肢を提示しないのでしょうか？
PECS トレーニングの最初の方では、要求したいモノがある場面で、大人に
近づくことを子どもに教えます。平均的
な言語発達を思い出してみましょう。子
どもは正式なメッセージ（すなわち言
葉）を使えるようになる前に、コミュニ
ケーションをするために大人に近づくこ
とを学習します。同様に、フェイズⅡで
の PECS の目標は、たとえその子がメッ
セージを選択することをまだ学習してい
なくても、自分から相手に近づいていけ
るようになることです。言葉の発達に遅
れがない子どもと同じように、PECS を
学ぶ子どもたちは、コミュニケーション
をするために、誰かに近づいていくこと

を学習してから、メッセージを明確にすることを学習していきます。

フェイズⅢ：PECS でのメッセージの選択

　子どもたちが、コミュニケーションの本質（コミュニケーションの相手を見つけること）を学習すると、特定のメッセージを選択する方法を学習する準備ができたことになります。それは複数の絵カードを弁別する学習ということです。

　絵カードの弁別を子どもに教える際、指導方法だけでなく、使用するシンボル（写真や線画など）の種類も、一人ひとりに応じて検討する必要があります。こうした問題は、実際には絡み合っていることが多いのですが、メッセージの選択について説明する前に、指導方法について説明したいと思います。指導方法の説明では、シンボルのことを「絵カード」と言うことにします。注意：このフェイズⅢの PECS トレーニングでは、トレーナーは一人でいいのです。この時点では、身体プロンプトがなくても、コミュニケーションを子どもは自発するようになっているからです。

メッセージの選択を教える方法

　メッセージの選択を子どもに教える完璧な指導方法が、もし一つだったら、生活はもっともっと単純なものになることでしょう。私たちの経験から、シンボルの弁別学習を助ける方法はたくさんあることがわかっています。これから主な方法について説明しますが、弁別の技法についてのもっと網羅的な説明については、章末に載せた文献を読まれることを強くお勧めします。

　PECS トレーニングのフェイズⅠとⅡでは、子どもに一度に 1 枚の絵カードしか提示しません。選択する絵カードが 1 枚しかなければ、欲しいモノとその絵カードを、子どもが結びつけているかどうかを確かめることはできません。弁別訓練を始めるときには、絵カードとモノとの関係を子どもに確実に理解させるために、コミュニケーション・ブックの表紙に 2 枚目の絵カードを貼ります。 1 枚目の絵カードは、子どもがとても好きなモノの絵カー

ドです。2枚目の絵カード（不正解用の絵カード）を何にするかについては、いくつか選択肢があります。不正解用の絵カードには、次のようなものが考えられます。

1．子どもの嫌いなモノ、もしくは好きでも嫌いでもないモノの絵カード
2．1つ目の好きなモノとは明らかに異なって見えるモノの絵カード

不正解用の絵カードとして、嫌いなモノや好きでも嫌いでもないモノの絵カードを用いる

　この方法では、不正解用の絵カードとして、子どもが明らかに好きではないモノ（ピクルスやレモンなど）や、好きでも嫌いでもないモノ（ティッシュや紙切れなどのつまらないモノ）の絵カードを用意します。そのためには、その子どもが好きではないモノや嫌いなモノを、私たちは知っておかなければなりません。子どもの嫌いなモノは、好きなモノがそうであるように、子ども一人ひとり異なります。この方法では、子どもの好きなモノと嫌いなモノの価値の差が最大になるよう考えます。

　こうした絵カードの組み合わせ（1枚は好きなモノの絵カードで、もう1枚は好きではないモノや嫌いなモノの絵カード）にする場合には、子どもが選んだ絵カードに対応したモノを与えます。たとえば、キャンディと木製スプーンとの選択の場合、子どもがキャンディの絵カードを手渡してきたら、キャンディを与えますし、スプーンの絵カードを手渡してきたら、スプーンを与えるのです。一般にこの方法は、子どもがスプーンを渡されたときに多少なりとも不満そうな様子を見せたら、成功と言えます。つまり、子どもがスプーンの絵カードを手渡し、与えられたスプーンを払いのけたなら、次に絵カードを選択するときには、スプーンではなくキャンディをもらうために、絵に注意を払う可能性が高くなるでしょう。しかし、もし子どもが不満そうではなくスプーンを受け取り、さらにそれで遊び始めたとしたら、この方法は絵カードを注意深く選択させる助けにはならないでしょう。この場合、子どもが受け取りたくなさそうな別のモノに代えます。

不正解用の絵カードには、違いが明瞭な絵カードを用いる

　不正解用の絵カードを選ぶ第2の方法は、不正解用の絵カードを正解用の

絵カードとはとても異なるものにすることです。たとえば、不正解用の絵カードを白紙にすることもあります。つまり、子どもの好きなモノの絵カードと白紙のカードとの間で選択させるのです。このやりかたで、2枚の絵カードの視覚的差異を最大にするのです。2枚の絵カードの視覚的差異を強調する方法は、他にもいくつかあります。

　　a．描かれているモノの色（たとえば、1枚は白黒に、もう1枚はカラーにする）

　　b．背景の色（たとえば、1枚の絵の背景は白に、もう1枚は黄色にする）

　　c．大きさ（たとえば、1枚はとても大きくし、もう1枚はとても小さくする）

　こうした方法を用いる場合には、できるだけ速やかかつ徐々に、プロンプトをやめていかなければなりません。たとえば、白紙のカードと対にして提示すると、間違いなく正しい絵カードを選択できるようになれば、白紙のカードを徐々に他の絵カードと同じようなものにしていきます。あるいは、子どもが選択しやすいように異なる色の背景を用いた場合には、徐々にその背景を同じものにしていきます。子どもの選択を助けるためにどんなプロンプトを導入したとしても、そのプロンプトは徐々に減らしていかなければなりません。プロンプトなしに絵カードの内容だけで選択することを、子どもは学習しなければならないのです。

上手な弁別トレーニングに関連する問題

　どの方法で弁別訓練を行うにしろ、以下のような留意点があり、系統的に取り組む必要があります。

　　1．フィードバックはいつどのように行うか。

　　2．エラーをどう修正するか。

　　3．好みのモノ2つが弁別できているかをどうやって確認するか。

フィードバックを行う

　PECSトレーニングのフェイズⅠでは、子どもが絵カードを手渡すまで待って、子どもが要求したモノを子どもに与えます。しかし弁別トレーニングでは、正しい絵カードを《選ぶ》ことを集中的に教えます。したがって、絵カードを選んだ時点で、なんらかの音声的フィードバック（たとえば、「おお！」と声を出す）や視覚的フィード

バック（要求しているモノを見せる）を行えば、このスキルの獲得は速まるでしょう。この即時フィードバックは、要求しているモノがもうすぐ手に入ることを、子どもに知らせる信号の役割を果たします。絵カードを選択したことに対しては音声だけでフィードバックし、絵カードを手渡してきたときに要求したモノを与えます。

エラーへの対応

　もう一つ留意点があります。トレーニングのこの時点で子どもがするエラーにどう対応するかです。好きではないモノを与えられるのを拒否する子どもには、どう対応したらよいでしょうか？　レッスン中のエラーには、どう対応したらよいでしょうか？

　重要なことは、エラーの応急処置を施すこと（これは新しいスキルにつながらない）と正しい反応を教えることとを区別しておくことです。たとえば、子どもがエラーをした後に、正しい絵カードの方を指さしてあげると、おそらくその絵カードを取って手渡してくれるでしょう。このようにしてエラーの応急処置を施すことができます。しかし、このレッスンで子どもが学習すべきことは、１対の絵カードから選択することであって、指導者が指さした絵カードを取ることではありません。重要なのは、手続きを単に繰り返してエラーを繰り返す危険を冒すのではなく、一貫した方法でエラーに対応することです。弁別を教える唯一完璧な方法などないので、別の方法も計画的に検討する準備をしておく必要があります。

この種のディスクリート型のレッスンでのエラーを修正する方法の一つ、《4ステップ・エラー修正法》では、一連のステップを踏むことに時間を使います。たとえば、キャンディと靴下を見せられて、子どもが靴下の絵カードを手渡しますが、本当は靴下を望んではいないことに確信がもてれば、

1. 両方の絵カードを元の位置にもどし、キャンディの絵カードを指さすか軽くたたいて、正しい絵カードを教えます。
2. キャンディの絵カードを手渡すことをプロンプトして練習させます（キャンディの絵カードのそばで手を開き、もう1枚の絵カードは覆い隠すなどして）。キャンディの絵カードを手渡したら、褒めますが、キャンディはまだ与えません。要するに、この時点では、子どもは単にあなたのプロンプトに従っているだけです。
3. 何か子どもにできる行為に注意をスイッチします。たとえば、手を叩いて模倣させたり、自分の体のどこかを触らせたりします。
4. キャンディと靴下を両方とも見せて、最初のステップを繰り返します。子どもがキャンディの絵カードに触れたら、すぐに何らかのフィードバックを行います（「そうだね！」）。そしてキャンディの絵カードを手渡したら、キャンディを与えます。

指導者にとって絶対に必要なことは、この後で述べる弁別指導の代替方法のどれを試みるにしても、その前に必ずこの4ステップ・エラー修正法に習熟しておくことです。私たちの経験では、なかなか弁別がうまくできないのは、用いている絵カードに根本的な問題があるからではなく、最も効果的な方法を用いていないからなのです。エラー修正法の詳細については、*Autism 24/7: A Family Guide to Learning at Home and in the Community*（Bondy & Frost, 2008）をご覧ください。[訳注1]

絵カードを見ない子どもの場合には、どうするとよいか
自閉症の子どもの中には、絵カードを（おそらく正しい絵カードすら！）

訳注1：この本の日本語版は未刊です。アンディ・ボンディ著『教育へのピラミッド・アプローチ：役に立つABA入門』（ピラミッド教育コンサルタントオブジャパン）の209-217ページを参照してください。

98

見ないで、絵カードに手を伸ばす子どももいます。まぐれ当たりの場合でも、絵カードを見ないで手を伸ばすことを強化してはいけません。あなたの手を絵カードの上に置いて、この種の反応を阻止するとよいでしょう。

　それでも絵カードを見ようとしないなら、選択肢の絵カードを貼ったコミュニケーション・ブックを子どもの目の高さに掲げましょう。コミュニケーション・ブックと絵カードとを手を伸ばしても届かない距離で掲げたら、子どもが絵カードをいつ見るかに注意します。見たらすぐにコミュニケーション・ブックを子どもに近づけて、絵カードを見て絵カードに近づくことを強化します（注意：ブックをテーブル上に水平に置いておくと、このやり方は実施困難です）。手を伸ばす前に絵カードを見ることが、一貫してできるようになったら、絵カードの追視の上達を促すために、コミュニケーション・ブックをゆっくり動かしてみてもよいでしょう。それが、視覚的走査力の発達を促すことになります。

欲しいモノ２つの絵カードを弁別する

　子どもが２枚の絵カードから正しい選択ができるようになったら、少しずつ絵カードを増やしていきます。絵カードを増やすにしたがって、同じくらい好きなモノからの選択に着手します。やがては２種類のクッキーや２種類のポテトチップスからも選択するようにします。この場合、子どもが本当に欲しがっているモノはどちらなのか。それはどうしたらわかるでしょうか。

　同じくらい好きな２つのモノを提示するとき、子どもが絵カードで要求しているモノと、本当に欲しがっているモノとが、一致しているかどうかを判断しなければなりません。そこで、両方の（またはたくさんの）モノを手に入れられる状況で、子どもが絵カードを１枚手渡してきたら、「はい、取っていいよ」と言います。そして、絵カードで要求したモノを確実に取るかどうかを観察します〔対応チェック〕。バニラ・クッキーの絵カードを手渡してから、もしチョコレート・クッキーに手を伸ばしたら、それはエラーと考えます。そして、子どもが本当に欲しかったのはチョコレート・クッキーの方だと考え（手を伸ばしてそれを取ろうとしたのですから）、チョコレート・クッキーを手に入れるためには、チョコレート・クッキーの絵カードを選択

すべきことを教えます。この場合でも、エラーが生じたら、4ステップ・エラー修正法を手順通りに実行しなければなりません。

　子どもが2枚の絵カードを弁別できるようになったら、提示する好きなモノの絵カードを3枚、4枚、5枚と増やします。5枚の絵カードは、左から右へと一列に並べるのではなく、X字状に並べます。このやり方だと、あらゆる方向への視覚的走査を促すことができます。子どもが要求したモノを自ら「取りに行かせる」ことで、絵カードの選択の正確さを定期的に《点検》します。最終的には、コミュニケーション・ブックの表紙に貼った絵カードのすべて、さらにはコミュニケーション・ブックの中の絵カードのすべてから弁別できるようにします。

象徴性がより高い絵カードへの移行

　PECSトレーニングの初期には、絵カードよりも、立体的なシンボル、あるいはミニチュアのシンボルを使う方がわかりやすい子どももいます。この場合、語彙が増えるにしたがって、厚みのない平面的なシンボルに置き換えられないかを確かめながら行うことが重要です。次の例は、この点について明確に説明したものですが、子どもによって柔軟に対応すべきです。

　　ドナは8歳の女の子で、PECSの初期のフェイズを順調に学習しました。しかし、弁別に取り組みだして、様々な問題に直面しました。最終的には、立体的なものを使うと、弁別は容易になりました。経過の中で、60種類のシンボルを徐々に弁別できるようになりました。しかし、コミュニケーション・ブックはとても大きくて分厚いものになり、それを持ち運ぶことがドナには難しくなりました。

　　そこで私たちは、立体的なシンボルの左下に、そのモノの小さな絵を貼り付けることにしました。最初、この絵はシンボルの表面の10％を占める程度にしました。こうした小さな変化であっても、導入したばかりのときは弁別の正確性が少し下がってしまいましたが、まもなく回復しました。その時点で私たちは、もう少し大きい絵を立体シンボルに貼り付けました。その変化は私たちにとっては小さなものでしたが、ドナの弁別成績はやはり一時低下し、そして再び回

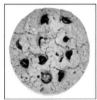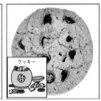

復しました。その後数カ月間、立体シンボルに貼り付ける絵を少しずつ大きく
していき、最終的にはすべて絵だけのシンボルでも弁別できるようになりまし
た。その後も、新しい語彙を加える際、多くの場合、最初は立体シンボルにし
なければなりませんでしたが、徐々にそれを絵に置き換えていくことができま
した（詳細については、Frost & Scholefield, 1996 を参照してください）。

フェイズⅣ：文構造の導入

　ある日、１歳４カ月の娘が私のところに来て、庭を走っている犬を指さしな
がら、「ワンワン！」と言いました。同じ日、娘はまたやって来て、「ワンワン？」
と言ったのですが、それはお気に入りの犬のぬいぐるみを探しているような言
い方でした。娘は同じ言葉を用いていましたが、何かが欲しいときと、何かに
ついてコメントするときとは、明らかに区別していました。口調、すなわち抑
揚や韻律、リズム、その他の声の性質などは、私が娘のメッセージをよく理解
するための手がかりでした。

　言語が通常に発達し、一語文の段階にある子どもは、相手にわかりやすく
伝えるために、同じ単語でもその言い方を変えます。PECS の初期には、１
枚の絵カードを使って要求をします。しかしやがて、周囲の環境内の事物に
ついてコメントするというコミュニケーションができるようになってほしい
のです。子どもが１枚の絵カードしか渡さない場合、それがどういう意味か
は、どうしたらわかるでしょうか。１枚の絵カードで、要求しているのか、
あるいはコメントしているのか。それを区別して伝えることを教える方法は
あるのでしょうか。その解決方法の一つは、「○○をください」なのか「△

△が見える」なのか、そのどちらであるかを意味する簡単な文を教えることです。

　長期的な目標を念頭に置いて、子どもが絵カードを使って、様々な目的で表出コミュニケーションができるようにするために、新しい構造を導入する必要があります。私たちは、新しい構造と新しいコミュニケーション機能を同時に教えるよりも、レッスンごとに新しいスキルを一つ加えていくやり方を採ります。ですから、まず新しい言語構造（文）を教え、次に新しい機能（コメント）を教えます（コメントの指導については、次の章で説明します）。

　子どもがすでに学習している機能、すなわち要求を用いて、新しい構造を導入します。まず、文カード（次頁の図を参照）を作ります。これはコミュニケーション・ブックから簡単にはがせるようになっており、この文カード上に絵カードを並べて、文を構成します。そして、「ください」を表すアイコンの絵カードを作成します（「私に」と「ください」のアイコンを別々の絵カードにはしません。この段階では、「私」が何を意味しているかを教えることはできません。なぜなら、「私」と対比されるべき他の代名詞が、子どもの絵カード語彙にはまだ入っていないからです）。^{訳注2}

　まずこのレッスンでは、「ください」の絵カードをあらかじめ文カードに貼っておき、子どもをガイドし、欲しいモノの絵カードを文カードに貼ることを教えます。それから、その文カード全体をはがして、欲しいモノと交換するようガイドします。次のステップでは、「ください」の絵カードと欲しいモノの絵カードの両方を、文カードに貼り付けてから、それを手渡すことを教えます。

　完成した文カードを手渡されたら、その文を読み上げながら（たとえば、「マーカー、ください」）、絵カードを一枚ずつ子どもに触らせます。^{訳注3}それぞれの絵カードをどこに貼るか、文カード全体をどう使うかを子どもが学習する一方で、指導者は文をすばやく読み上げ、要求されたモノを渡すのが遅れ

訳注2：英語版PECSでは、「ください」ではなく、「I want」（私は欲しい）の絵カードです。しかも文の先頭に置きます。

訳注3：子どもに絵カードを触ることを教えるのは、フェイズIVのステップ3です。欲しいモノの絵カードと「ください」カードとを、文カードに貼って渡すことを、プロンプトされず自立して行えるようになってから（ステップ2）、読み上げ中に絵カードを順に触っていくことを教えます。

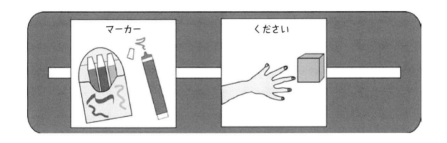

ないようにします。

　文カードで要求する流れが滑らかになったら、欲しいモノの絵カードの名前を読んだ後、少し遅れて「ください」を読むようにします。このように間を置くことで、子どもは最初は模倣で「ください」と言っていたのが、そのうちに指導者が言う前に自分で「ください」と言うようになることがよくあります。私たちはこうした時間遅延法を用いて、子どもの発声の機会を作り、発声を促しはしますが、模倣をさせようとするわけではありません。それは、言葉が出そうな子どもに対してもそうです。つまり、私たちが期待しているのは PECS を使えるようになることであって、言葉をしゃべらせることではないのです。PECS での交換のときに、音声模倣を強いられた子どもの中には、苦手な音声模倣から逃れるために、PECS の使用自体を回避し始める子どもの事例が、いくつか報告されています。

フェイズⅠとⅡのレッスンを効果的に行うために

必要な材料：
強力な強化子を２つか３つ
　すぐに《消費される》強化子を使うとよいでしょう。たとえば、お菓子や飲み物、シャボン玉、コマ、音楽、テレビ（ただし、あなたがリモコンで操作できること）などです。おもちゃや本、その他の好きなモノを使う場合、次々とコミュニケーションの機会を作り出すために、強化子はたくさん用意しておくか、あるいは子どもから回収します。

それぞれの強化子に対応した絵カード、写真、製品のロゴ、その他の視覚的シンボル

絵カードは何度でも使えるような、丈夫なものでなければなりません。密着紙でカバーしたり、ラミネート加工をしたりすれば、絵カードは長持ちするでしょう。絵カードは5cm×5cm程度の大きさがよいでしょう。最初は、小さい絵カード（2.5cm×2.5cm以下）にしない方がよいでしょう。

前提条件：

子どもは、強力な強化子をいくつか自分で探し出せることが、観察の結果わかっていること。

必要な人：

2人の指導者

一人は、強化子で誘う（うまく要求できたら、その強化子を与える）。もう一人は、身体プロンプトをする。

物理的な環境設定：

子どもは2人の指導者の間に位置し、指導者の手は子どもに届く距離にします。強化子を持つ指導者と子どもとの間に、絵カードを置きます。

子どもは必ずしもイスに座っている必要はありません。強力な強化子が見つかれば、どこでもこのレッスンはできる、ということを忘れないでください。床の上でも、砂場でも、テレビの前でも、何か楽しいことがある場所ならレッスンはできます。身体プロンプトをする指導者は、子どもの後ろに控えている必要があります。

レッスンの開始：

シナリオ：サムの指導者はジョンとアレクシス

サムはレーズンが好きです。ジョンはレーズンでサムをさり気なく誘います。サムが絵カードを取り、手を伸ばして、絵カードをジョンに手渡す行動を、アレクシスは身体プロンプトします。座っているサムの目の前のテーブルの上には、レーズンの絵カードを1枚置いておきます（注：このレッスンを始めるとき、

サムは必ずしも座っている必要はありません。強化子のある場所に行きましょう）。

1. レッスンの最初の段階では、ジョンはレーズンを手に持っていますが、何も言いません。サムはレーズンを見て、それに手を伸ばします。ジョンはサムにレーズンを渡します（「最初はタダ」です）。
2. サムがレーズンを食べ終わったら、ジョンはレーズンをもう1つ手に持ちます。サムは、再びそれに手を伸ばします。アレクシスは、ただちにサムの伸ばした手を、絵カードの方に導き、その絵カードを取って、ジョンの開いた手の中に入れるよう、すべてプロンプトします（サムがレーズンに手を伸ばしたら、ジョンは手を開きます）。
3. 絵カードがジョンの手に触れたら、すぐに「レーズン！」と言い、レーズンをサムに与えます。
4. レーズンに手を伸ばす意欲がまだあることが明らかな間は、試行を繰り返します。試行を続ける中で、アレクシスは徐々に身体プロンプトを控えていきます。まず絵カードを手渡すときのプロンプトをやめ、次に絵カードを持った手を伸ばすときのプロンプトをやめ、最後には絵カードを取るときのプロンプトをやめていきます。全試行の間ずっと、アレクシスは言葉をかけませんし、サムの行動に強化子を与えることもしません。
5. サムが、プロンプトなしで絵カードを取れるようになったら、ジョンとアレクシスは、役割を交代します。アレクシスがレーズンで誘い、サムはただちに絵カードをアレクシスに手渡します。
6. そして、サムの意欲を引き出す他の活動、たとえば好きなおもちゃ、見るのが好きな本、サムが選んだ飲み物（今日はオレンジジュースでも、明日は牛乳かもしれません）などを、トレーニングに導入していきます。このようなレッスンは、教室内の様々な場所だけでなく、家庭でもいろいろな部屋で行います。コミュニケーションの機会は、一日を通していろいろと創り出せます。

■ 引用・参考文献

Bondy, A. & Frost, L. (1994). The Picture-Exchange Communication System. *Focus on Autistic Behavior, 9*, 1-19.

Bondy, A. & Frost, L. (2001). The Picture-Exchange Communication System. *Behavior Modification*, 25, 725-744. 〔訳注：門眞一郎訳(2004)絵カード交換式コミュニケーション・システム，「自閉症と発達障害研究の進歩．」 Vol. 8，82-94，星和書店〕

Bondy, A. & Frost, L. (2008). *Autism 24/7: A Family Guide to Learning at Home and in the Community*. Bethesda, MD: Woodbine House.

Bondy, A. & Frost, L. (2009). Generalization issues pertaining to the Picture Exchange Communication System (PECS). In C. Whalen (Ed.), *Real Life, Real Progress for Children with Autism Spectrum Disorders: Strategies for Successful Generalization in Natural Environments*. Baltimore, MD: Paul Brookes Publishing Company.

Bondy, A. & Sulzer-Azarof, B. (2002). *The Pyramid Approach to Education in Autism*. Newark, DE: Pyramid Products, Inc.

Bondy, A. (2011). *The Pyramid Approach to Education: A Guide to Functional ABA. 2nd Ed*. Newark, DE: Pyramid Consultants, Inc. 〔訳注：門眞一郎監訳(2016)「教育へのピラミッド・アプローチ：役に立つ ABA 入門」．ピラミッド教育コンサルタントオブジャパン〕

Frost, L. & Bondy, A. (2002). *The Picture Exchange Communication System (PECS) Training Manual 2nd ed*. Newark, DE: Pyramid Products, Inc. 〔訳注：門眞一郎監訳(2005)「絵カード交換式コミュニケーション・システム・トレーニング・マニュアル第2版」，ピラミッド教育コンサルタントオブジャパン〕

Frost, L. & Scholenfield, D. (May, 1996). Improving picture symbol discrimination skills within PECS through the use of three-dimensional objects and fading: A case study. *Paper presented at the Association for Behavior Analysis*. San Francisco, CA.

Sulzer-Azaroff, B., Hoffman, A., Horton, C., Bondy, A., & Frost, L. (2009). The Picture Exchange Communication System (PECS): What do the data say? *Focus on Autism*, *24*, 89-103.

第 7 章

PECS の上級レッスン

　ソフィーは文カードを使って、大好きなスキットルズというキャンディを要求できるようになりました。ひとつかみのスキットルズを差し出すと、ソフィーは必ずそれをよく見て、赤いスキットルズだけを取ります。他の色のスキットルズを与えると、払いのけてしまいます。これまでのレッスンでは色を用いたことはなかったにもかかわらず、ソフィーは色で選べるということがわかったのでした。ソフィーが次に文カードでスキットルズを要求したときには、「どっち？」と聞きました。PECS ブックの上に「赤」を示す絵カードを置くと、「赤い……スキットルズ……ください」という文を作ることを、ソフィーはすぐに学習しました。まもなく私たちは、ソフィーにとって色が重要になるものを他にも見つけました。そしてソフィーは、欲しいモノを明確に伝える上で新しい絵カードが役に立つときには、いつもそれを使うようになりました。

文構造を拡張する

　第 6 章の終わりの方で紹介した文カードの使用の拡張には、2 つの方向があります。一つは、色・大きさ・形などの属性の使い方を学習して、子どもの要求を拡張することです。もう一つは、新しいコミュニケーション機能（すなわち、要求ではなくコメントの学習）を獲得することです。

フェイズⅣ（続き）：属性を使って要求を拡張する

　文カードを使って直接要求できるようになったら、要求するものを明確にすることを教えられます。ソフィーの例では、まず私たちは、キャンディの特定の色がソフィーにとって重要であることに気づきました。そこで、自分の好みを伝える方法をソフィーに教えたのです。さらに、色が重要になるレッスンも計画しました。たとえば、ソフィーの好きなおもちゃを赤い箱の中に入れて、その箱を青い箱のそばに置きました。ソフィーがおもちゃを手に入れるためには、「赤い……箱……ください」と要求しなければなりません。私たちは様々な概念を教えるために、このような「宝探し」ゲームを他にも考えました。

　　ゲイリーはチョコチップ・クッキーが大好きで、それを要求するために文カードが使えるようになっていました。私たちが、一方の手に大きなクッキーを持ち、もう一方の手には小さなクッキーを持つと、ゲイリーは必ず大きい方に手を伸ばすことに気づきました。この場合、ゲイリーは大きさに注目していたのです。つまり、彼は大きなクッキーが欲しかったのです。そこで私たちは、「大きい」という意味（すなわち、絵カードの大部分を占める染み）の絵カードを作ると、ゲイリーは自分の欲しい方のクッキーを指定できるようになりました。

　この例では、ゲイリーは好きな物品を大きさで選択することができました。ところで、大きなクッキーを子どもに要求させるのは簡単そうですが、小さい方を要求することを教えるにはどうしたらよいでしょうか？　一つの方法は、小さな方だけがその場にふさわしいように、選択肢を示すことです。たとえば、小さなプラスチック容器のプリンを食べるためにスプーンを要求することができるなら、普通サイズのスプーンと料理用のお玉を選択肢として提示することで、小さいスプーンを要求させることができます。もちろん、その子どもがスプーンの相対的な大きさの違いで選択したことを確かめるために、後で、普通サイズのスプーンとバービー人形のスプーンとを、選択肢として提示する必要があるでしょう。別のやり方として、子どもが欲しが

るモノを、大きさの異なるモノの中に隠すという方法があります。たとえば、小さなプラスチックの卵の中にキャンディを入れ、大きなプラスチックの卵の中にはテイッシュを入れる、といった方法です。

　数、位置、配置、材質などの属性に関する語彙も、PECS の要求機能の中に導入できます（表7-1を参照）。こうしたレッスンは、理解を目的としたレッスンよりも、子どもの意欲を高めます。属性（「認知スキル」や「概念語彙」と呼ばれることもあります）を自閉症の子どもに教えるには、標的となる属性が異なるモノを子どもの前に置き、その属性によって選択するよう指示する方法が、従来用いられてきました。たとえば、赤い丸と青い丸を子どもの前に置き、「赤に触りなさい。青に触りなさい」のように指示したものです。子どもが正しく応えたら褒めて、さらに強化子を追加して与えることもありました。PECS で要求機能を用いる場合は、子どもにとって重要なモノを使います。正しく要求したときの強化子は、子どもが指定して要求したモノなのです。

属性に関するレッスンを効果的に行うために

必要な材料：
　教えたい属性に関してのみ異なるモノ（属性と使えそうなモノの例は、表7-1を参照のこと）。

表7-1. 属性

属性の種類	強化子になりやすいモノ
色	キャンディ、クレヨン、積み木、レゴ、服、ジュース、スキットルズ、ジェリービーンズ、スターバースト〔訳注：日本ではマーブルチョコや五色豆などが可能〕
大きさ 　a）大小 　b）長：短	クッキー1枚とクッキーのかけら、容器の大きさに合ったスプーン 　プレッツェル、ひも、棒状のキャンディ、リコリス 　くつひも、バブル・ワンド
形	クラッカー、クッキー、クッキーの抜き型、型はめパズル
位置	イスのそばのキャンディ vs. テーブルのそばのキャンディ（一方は好き、一方は嫌いなキャンディ）。たとえば、「イスの……キャンディをください」は「床の上のキャンディではなく、イスの上のキャンディをください」ということです。
空間的位置表現	イスの《上の》おもちゃ vs. イスの《下の》おもちゃ（一方は好き、一方は嫌いなおもちゃ）。この場合、《の上》は欲しいおもちゃについての重要な情報です。
量	1枚のクッキーよりも10枚のクッキー
温度	冷たい飲み物 vs. 温かい飲み物 室温でのグリッターワンド vs. 凍らせたグリッターワンド
材質	布製小袋に関して、滑らかな手触りのもの vs. ざらざらした手触りのもの、プレーンのプレッツェル vs. 塩味のプレッツェル、角の尖ったポテトチップス vs. 丸いポテトチップス、表面つぶつぶのコテッジ・チーズ vs. つぶつぶのないコテッジ・チーズ、表面ザラザラのボール vs. つるつるのボール、つるつるのタングル vs. ザラザラしたタングル
清潔さ	きれいなタオル vs. 汚れたタオル
身体部位	ミスター・ポテトヘッド、バンドエイドやシールを貼る身体部位、ローションを塗る部位、インク・スタンプを押す部位、タトゥーシールを貼る部位、ブラッシングをする部位
動作語	ボールを「打つ」「つく」「投げる」「捕る」

前提条件：

　PECS で特定の属性を教える前に確かめておかなければならないことは、その子が、実際のモノについてはその属性を持つモノが好きだということです（必ずしもそのことを伝えてくれなくてもよい）。たとえば、赤いキャンディを選んで食べる子どもや、青いクレヨンを選んで描く子ども、白い紙を

選んで描く子どもは、色という属性に制御された行動を示しています。このような場合、PECS を使う子どもは、その特徴を持つモノを要求することにとても意欲的になるでしょう。

　2つのことを混同しないことがとても重要です。一つは、子どもが属性を「知っている」、あるいは属性に「反応する」ということ、もう一つは、属性について子どもがコミュニケートすることや、属性についてコミュニケートしようとする私たちの意図を子どもが理解することです。たとえば、自分が教えている生徒が、「大きい」と「小さい」とを学習できないと信じ込んでいる数多くの教師に、私は出会ってきました。こうした教師たちは、様々な大きさの丸や四角を用意して、「大きい方を触りなさい」や「小さい方に触りなさい」という練習を、何時間もさせていましたが、結局徒労に終わっていました。しかし、その同じ子どもたちに対して、一方の手にクッキーを1枚持ち、もう一方の手にクッキーの小さなかけらを持って近づくと、子どもたちは確実に大きなクッキーの方を選び、でたらめに反応することはなかったのです（クッキーが好きであるかぎり！）。視覚スキル（あるいは触覚や聴覚など他の感覚と関連したスキル）と、その感覚的特性に関するコミュニケーション・スキルとを、分けて考えることが重要でしょう。

　子どもが色で選ぶという自然な傾向を示さない場合には、理解していることをコミュニケートしなくてもよいやり方で、色による視覚的弁別能力を調べることはできるでしょう。たとえば、リサはクッキーが好きだとします。リサが見ている前で、開いている白い箱の中にクッキーを入れれば、「クッキーはどこ？　クッキーを見つけてごらん。箱の中を見てごらん」などと言う必要はありません。あなたがクッキーを入れているところを見せるだけです。リサが確実にその箱の中に手を入れてクッキーを取り出したら、何回か繰り返すうちに徐々に箱に蓋をしていきます。そして、箱の中にクッキーを入れて蓋をする様子を見せ、リサが確実にその箱を開けてクッキーを取り出すようになったら、次のステップに進みます。今度は、箱を2つ使います。一つは赤い蓋、もう一つは青い蓋の箱です。クッキーを箱の中に入れ、その箱には赤い蓋を、空の箱には青い蓋をする様子をリサに見せます。試行を繰り返していき、クッキーの入っている箱に時には赤い蓋を、時には青い

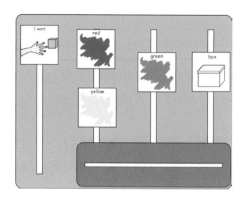

蓋をし、必ず箱の位置を変えます。リサが確実にクッキーを見つけるなら、色が《わかっている》ということです。そして次に、色についてコミュニケートすることを教えるのです。

注意：色のような属性を教えるときには、その色で塗りつぶされた真円のシンボルは用いないようにしましょう。それをすると、子どもは、色に注目すべきか、その色の形に注目すべきかで混乱するでしょう。

必要な人：

一人の指導者だけで、このレッスンは効果的に指導できます。

物理的な環境設定：

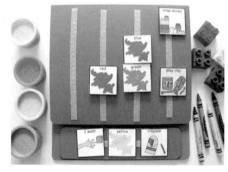

教えたい属性のみが異なるモノを対にしていくつか用意します。たとえば、属性として色を取り上げるなら、色以外は同じモノ（キャンディ、ミニカー、クレヨンなど）を対にして用意します。この準備には時間がかかりますが、結局はこのレッスンに要する時間を短縮することができるでしょう。

レッスンの開始：

シナリオ：マーシャはジュリーの母親

ジュリーはスキットルズ（あざやかな色でコーティングされた、フルーツ風味の小さなキャンディ）が好きです。母親のマーシャがひとつかみのスキット

ルズを差し出すと、ジュリーは、いつもとても慎重に赤いスキットルズだけを取ります。マーシャは、この好みを利用してレッスンを計画しました（注意：このレッスンを始めるにあたって、ジュリーは「赤」（「赤い方を触りなさい」）という指示に従うことを学習しておく必要はありませんし、色の見本合わせ〔マッチング〕を学習している必要もありません。必要なのは、スキットルズが欲しいことを文の形でコミュニケートすることと（PECS のフェイズⅣ）、赤いスキットルズが好きだということだけです。

1. 「スキットルズ、ください」という文カードを持って、ジュリーはマーシャに近づきます。スキットルズを 2 個、マーシャはジュリーに見せます。1 個は赤色、もう 1 個は青色です。ジュリーは、赤色のスキットルズに手を伸ばします。

2. マーシャは、スキットルズを引っ込めて（肩をすくめるかもしれませんし、「どっち？」と言うかもしれません）、コミュニケーション・ブックの表紙に貼ってある「赤」の絵カードを、身体プロンプトして取らせます（この状況で何をすべきかをジュリーに教えるためには、質問よりも身体プロンプトの方が役に立つことに留意してください）。マーシャは、ジュリーがその絵カードを文カード上の「スキットルズ」「ください」の前に貼るようにプロンプトします。

3. ジュリーが文カードを手渡してきたら、マーシャはそれを受け取り、「赤い、スキットルズ、ください」と読み上げながら、ジュリーがその順で絵カードに触れていくようプロンプトします。マーシャは、すぐに赤いスキットルズをジュリーに与えます。もちろん、「赤」やその他の言葉を、ジュリーに言わせる気はありません。

4. 次の数分間、マーシャはスキットルズを見せてジュリーを誘うことを続け、文カードで「赤」の絵カードを用いるのを助ける身体プロンプトは、徐々に減らしていきます。

5. 別のときに、ジュリーが独特の方法で積み木を積み上げることに、マーシャは気づきます。ジュリーは次にどの積み木を使いたいかを正確に知っているようです。ジュリーが赤い積み木に手を伸ばすときに、

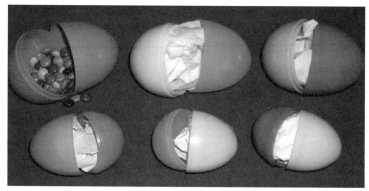

　　マーシャはその赤い積み木をしっかりつかみます。このとき、文カー
　　ドに「赤い…積み木…ください」と並べるよう、ジュリーをプロンプ
　　トします。

6．ジュリーがはっきりと色の選択をすると思われる場面をマーシャは見
　　つけ、他の色の絵カードを徐々にコミュニケーション・システムに導
　　入していきます。

7．最後に、マーシャはジュリーに、ときどき対応チェックをします。ジ
　　ュリーが赤いクレヨンを要求すると、マーシャは何本かのクレヨンを
　　手に取ってジュリーに見せ、「どうぞ、取っていいよ」とだけ言いま
　　す。もし、ジュリーが赤いクレヨンを取れば、色についてのジュリー
　　のコミュニケーション・スキルを示す、もう一つの指標となります。

フェイズⅤ：簡単な質問への応答を教える

　　PECS のトレーニングがここまでうまく進んだら、子どもは文を構成し、
おそらく属性を使って自発的に要求するようになっているはずです。コメン

トすることを教えるために、周囲の事物や出来事について、簡単な質問を子どもにすることも必要でしょう。

　PECSの指導では、新しいスキルは一度に一つずつ教えていきます。したがって、現時点で子どもが用いているコミュニケーション機能、すなわち要求に関して、簡単な質問から始める必要があります。一連のトレーニングの中では、この時点まで、子どもは「何が欲しいの？」という質問を聞いたことがありません。この質問に答えることを学習するのが、このステップです。

　文カードを使って自発的な要求ができる子どもに教えるのは、比較的簡単です。「何が欲しいの？」と聞いてから、欲しがっているモノを見せるだけです。そしてそのうちに、モノを見せずに、質問だけをするようにします。このレッスンの初期には、「何が欲しいの？」と聞きながら、文カードをタップすること（身振りプロンプト）も効果的です。指導機会の経過の中で、できるだけ速やかに、「何が欲しいの？」と質問することと、文カードをタップすることとの間で、時間遅延法を導入し、遅延時間を徐々に長くしていきます。そのうち子どもは、指導者が文カードをタップする前に、質問に答えるようになっていきます。このレッスンで、質問と文カードのタップとを組み合わせることは、次のレッスンでこの方法を使用する準備にもなります。

　ここで注意すべきことがあります。親や専門家は、「何が欲しいの？」という質問をするようになると、自発的な要求を強化し続けるよりも、その質問に頼りがちになるということです。そのため、自発的要求と応答的要求の両方を維持するために、自発的要求の機会を毎日少しでも設けるよう計画しなければなりません。

フェイズⅥ：コメントを教える

　子どもが「何が欲しいの？」という質問に答えられるようになったら、他の簡単な質問、たとえば「何が見えるの？」「何が聞こえるの？」「何を持っているの？」などへの応答を教えることができます。このレッスンを効果的に行うために、忘れてはならないことが２つあります。一つは、コメントに

対してはコメントしたモノを与えるのではなく、人的な結果〔強化子〕を与えるということです。「何が見えるの？」という質問に、子どもが「スプーン……見える」と答えたら、「そう！　スプーン！　スプーンが見える！」と返してあげましょう。スプーンを与えてはいけません。もし与えてしまうと、子どもはこの言い回しを、何かを要求するための別のやり方として、たとえば「スプーンが欲しい」や「スプーンをください」などとして、学習してしまうでしょう。

　もう一つは、定型発達をしている子どもは、どんな事物や出来事についてコメントするかを、私たちはよく知っておかねばならないということです。ごく幼い子どもは、周囲の事物で動きのないものについては、コメントしません。初めのうちは、「床が見えます」「壁が見えます」とは言いません。そうではなくて、当初のコメントは、変化のあるものや普通とは違うものに関することです。たとえば、犬が部屋に入ってくる、牛乳がこぼれる、おもちゃが変なところにある、などについてコメントするものです。したがって、コメントの効果的な指導を計画するためには、同様に周囲の環境内の興味深くて耳目を引く事物を利用するべく努力しなければなりません。レッスンで使うモノが魅力的であればあるほど、子どもはますますそれに注目するようになるでしょう。

　このレッスンは、突然何かを変化させること、たとえば、箱からおもちゃを取り出すようなことから始めます。モノを取り出すとき、「わあ、何が見える？」「見て、これ何？」などと質問します。（注：最初のうちは、表紙の上に貼るのは「見える」の絵カードだけにするのがよいでしょう。その後、「ください」と「見える」の選択を学習することになります）。「何が見える？」と質問すると同時に、文カードをタップして（身振りプロンプト）、文を作ることを促します。しかしそれでは子どもが反応しない場合は、身振りプロンプトは無効ということなので、身体プロンプトを使って、アイテムの絵カードと「見える」カードを文カードに貼ることを教えます。あるいは、身振りプロンプトを使って、アイテムの絵カードをタップして文カードをタップし、次に「見える」カードをタップして文カードをタップすることで教えます。すでに述べたように、指導者はその文を読み上げ、子どもを大

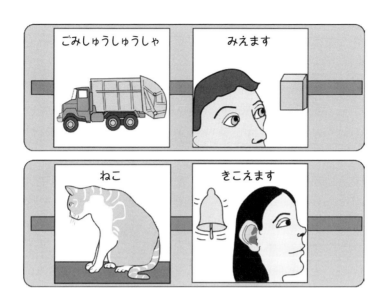

いに褒めます。[訳注1]

　興味はあるが大好きというほどではないモノを選ぶことは、大変役に立ちます。PECSを使って具体物を受け取ることに慣れている子どもは、具体物がもらえないと驚くかもしれません（ショックではないにしても）。それがとても好きなものなら、その驚きはいっそう大きなものになるでしょう。

　このレッスンでは、要求の機会、それも子どもが自発的に要求する機会と、質問に応じて要求する機会の両方を、必ず設定することが大切です。したがって、子どもは、「何が欲しいの？」と「何が見えるの？」を弁別し、それらに対応する絵カードを弁別する必要があります。

　この時点で、子どもの自発的なコメントを促すために、指導方法にもう一変化加えなければなりません。周囲の変化や興味を引くことだけが、子どものコメントの引き金になるためには、どうしても子どもへの質問はやめなければなりません。質問の文末を省いていくことで、徐々に質問をやめていきます。たとえば、「見て！　何が……？」というようにして、徐々に質問を

訳注1：この段落は（114ページのフェイズVも）、ネグロンちひろコンサルタントの助言のもとに、日本語の構文に合うように訳し変えてあります。

すべてやめていきます。最終的には、直接質問の前に、「見て！　あっ！　すごい」などの感嘆表現を用いていたなら、その後は感嘆表現だけ残して、質問はやめることができるでしょう。そのうちに、感嘆表現もやめることができるでしょう。

フェイズⅥの後は？

　この本で紹介した PECS のフェイズをすべて学習した子どもは、1）欲しいモノや必要なモノを、自発的にも応答的にも要求できます。2）周囲の事物について、自発的にも応答的にもコメントできます。3）様々な属性語や形容詞を使って、要求とコメントができます。

　もちろん、言語発達の別の面も学習しなければなりません。その一部、たとえば、人に挨拶する、「はい」や「いいえ」で答える、手助けを要求するなどには、先に述べた身振りスキルが関係するでしょう。簡単な身振りを教えるとともに、PECS の使用も教えることは、両立可能です。強調すべきことの一つは、模倣だけに頼らず、自発を推し進める方法を用いて教えることです。たとえば、思い通りにならなくてイライラする場面で、かんしゃくを

爆発させる前に、子どもは手助けを要求できなければなりません。手助けや休憩を自発的に要求することを教えるには、PECS トレーニングの最初の段階のように、2人で指導する方法が必要でしょう。第4章の最後に示した例を参照してください。

　PECS について概観した指導方法やスキル獲得の順序は、他の様式（モダリティ）で言語スキルを指導するときにも役に立つでしょう。すなわち、PECS に関して説明した技法や決定事項、たとえば、初めは要求に取り組む、

二人制プロンプト、時間遅延法、シェイビング、フェイディング、エラー修正法などは、絵カード・システムによるコミュニケーションに限られるものではありません。これらの技法、特に2人の指導者で自発を促す技法は、他のコミュニケーション・システムにもたやすく組み込むことができます。

学校や家庭でのPECSの使用

　PECSやその他のコミュニケーション・システムの成功の鍵は、できるだけ頻繁にそれを使用することです。このシステムを効果的なものにしようと思うなら、「午前10時から10時15分までと午後2時から2時15分まで」というように使用時間をスケジュール化したり、おやつの時間にしか使わないというようなことをしてはなりません。このシステムは、当の子どものコミュニケーション・システムであり、あらゆる状況で役に立ちうる大事なものと考えなければなりません。このシステムの使用を制限したり、コミュニケーション・ブックを使う準備が大人側にできているときだけに、コミュニケーション・ブックの使用を制限すると、自発的で機能的なコミュニケーションの発達を促すことにはなりません。

　話すことのできる子どもは、いつでもどんな状況でも話すことができるのですから、PECSを使う子どもは、いつでもコミュニケーション・ブックを使用できるようにしておかなければいけません。ただし、家庭で用いる語彙と学校で用いる語彙は違うかもしれません。PECSを（学校で教え始めたのなら）家庭で使うことは、フェイズⅡのトレーニングの一部として考えます。また、PECSを、親だけでなく家族皆に対して使うよう、子どもを後押しすべきです。

学校で

　学校では、子どもはいつPECSを使えますか？　学校の支援チーム（教師、補助教師、言語聴覚士、家庭では親といった人たち）は、すべての活動を分析して、それぞれの活動に関連する教材を書き留めます。たとえば、美術に

は、紙・はさみ・クレヨンが関係しま
すし、集まりの時間には、歌に合わせ
ての指人形や、その日の天気について
の晴れや曇りの絵が関係します。一つ
一つの教材が、コミュニケーションを
もたらす可能性があります。

　子どもがある活動の一連の流れを学
習できたら、指導者はその活動に必要
なモノを撤去して、その活動を中断さ
せたり邪魔したりすることができま
す（Sulzer-Azaroff & Mayer, 1994）。た
とえば、手を洗ってタオルで拭くことを、
子どもが学習したとします。ある日、タオルを取り去っておけば、手洗いの
行動連鎖を完了するために、タオルの要求を促す状況を創ったことになりま
す。その子の学校の指導チームは、こうしたコミュニケーションの機会を1
日を通してたくさん見つける努力をすべきです。それにより、フェイズⅡの
トレーニングで、PECSの使用範囲を広げることができるからです。（この
やり方については、次章で詳しく説明します）。さらに、学校のスタッフが、
以下に述べるようにして、PECSで友だちとコミュニケーションをとるよう、
子どもに促すことも重要です。

家庭で

　家庭においても、私たちは同じようなやり方をお勧めします。つまり、家
庭で利用できる様々な自然なルーティン、子どものこれからの人生の一部に
なっていくルーティンについて考えてください。たとえば、食卓の準備や、
食事準備と後片付けに関するルーティンです。子どもが食卓の準備がルー
ティンでできるようになったら、（子どもの年齢に応じて適切な調整をして）
ルーティンの一部を妨害することで、コミュニケーションの機会を創ること
ができます。たとえば、すべてのフォークを、いつもの食器棚の引出しから

撤去しておくこともできるでしょう。ルーティンによっては、家庭にだけ関係しており、学校に導入することが難しいものもあります。

　家庭でのルーティンの例としては、次のようなものがあります。

1. 衣服を洗濯する、たたむ、収納する（収納は、仕分けや分類の課題と考えられます）。たとえば、こういったルーティンにおいて、見当たらないものを要求することを子どもは学習できます。
2. 手や顔を洗う、シャワーを浴びる、入浴するなどに関連するモノ（せっけん、タオルなど）やおもちゃ（浴槽用）。たとえば、必要なモノ（せっけんなど）や好きなモノ（ゴム製のアヒル）の要求を、子どもは学習できます。
3. 食料雑貨類を出して分類するという場面で、子どもはスケジュールを理解することや、必要なモノを要求することを学習できます。
4. 家の掃除や整理整頓。

　もちろん、年齢に応じた適切な目標となるよう気を付けなければなりません。3歳の子どもなら、掃除はおもちゃを片付ける、衣類をたたむことは靴下を二つ折りにする、食卓の用意は各自のところに紙コップを置くなどでしょう。

　どの家庭にも、その家庭独自の特別なルーティンがあるでしょう。そのようなルーティンに関わることを、ぜひ子どもに教え、期待してください。表7-2は、よくあるルーティンの中で使えそうな語彙を選ぶのに役立つでしょう（自由にあなた独自のものも加えましょう！）。

表7-2．ルーティンで使える語彙を見つける

ルーティン	家の中の場所	語彙
シリアルを用意する	台所	シリアル、ボウル、スプーン、牛乳、砂糖
入浴	浴室	入浴剤、浴用タオル、スポンジ、おもちゃのボート、浴槽用シール、おもちゃのアヒル
外に遊びに行く	家、その後に庭	靴、上着、帽子、ブランコ、ボール、滑り台
就寝	寝室	枕、好みの毛布、本または特定の本

家庭での子どもの好みをよく観察することも、コミュニケーションを増やし発展させるためには重要です。テレビやお気に入りの DVD を見るのが好きな子もいれば、歌が好きな子もいるでしょう。好きなおもちゃや家庭用品がある子もいれば、地下室や庭で遊ぶのが好きな子もいるでしょう。こうした活動をすべて自発的に要求することを子どもは学習できますし、文構成を学習したら、属性語や形容詞を使って自分の要求を明確に伝えることを学習できます。

友だちや兄弟姉妹に PECS を使う

　ミカエラという自閉症の子どもを観察する機会がありました。ミカエラは PECS のスキルを学習しており、保育園では定型発達の子どもたちと同じクラスに在籍していました。見ていると、ミカエラを含む子どもたちの小集団が、小さなプラスチック製の人形で上手に遊んでいました。最初は、ミカエラと他の子どもとの区別がつかなかったほどでした。その後、他の子どもたちは部屋の別の場所にあるおもちゃに興味を持ち、そちらに移動しました。しかしミカエラだけは、そのままそこで遊び続けました。子どもが一人もどってきて、みんなと一緒に遊ぼうと、ミカエラを誘いました。しかし、ミカエラはそのまま遊び続けました。

　続けてミカエラを観察していてわかったことは、ミカエラはおもちゃで上手に遊ぶスキルは持っていますが、他の子どもとのやりとりを自分から始めたり、それに応じたり、続けたりすることはないということです。もしその部屋の中で大人が、ミカエラの欲しがる人形を持っていたら、ミカエラはすぐにコミュニケーション・ブックのところに行って、正しく文を構成して伝え、その人形を手に入れたでしょう。ミカエラが他の子どもたちとのコミュニケーションややりとりを自発する様子は、まったく観察されませんでした。私は、このパターンを変えるにはどうしたらよいかと、考え込んでしまいました。

　本書ではこれまで、大人を相手とした PECS の使用を、自閉症の子どもに教えることに絞っていました。PECS を大人相手に用いることの指導から

始めたのは、子どもの重要な要求物への接近をコントロールしているのは、通常は大人だからです。飲み物、お菓子、おもちゃ、テレビ、DVD プレーヤー、教室や家からの外出などを、通常は大人がコントロールしています。自閉症の子どもが、PECS（あるいは、言葉やその他のコミュニケーション手段など）を使って上手にコミュニケーションを取っている様子を見ることは珍しくありませんが、相手は大人に限られています。友だちや兄弟姉妹とコミュニケーションを取ることを、ミカエラのような子どもに教えるには、どうすればよいでしょう。

　自閉症の子どもと友だちとの間の交流を促さなければならない、ということはわかっています。しかし、友だちとのコミュニケーションや遊びに顕著な改善をもたらすためには、単に一緒にいるだけでは不十分なこともわかっています。（遊びの促し方についてもっと知りたい方は、*Right from the Start: Behavioral Intervention for Young Children with Autism,* Sandra L. Harris & Mary Jane Weiss, Woodbine House, 2007 を参照してください）。大人とのコミュニケーションを学習するときに見られる流れと並行して、友だちとのコミュニケーションの進展も、しばしば観察されてきました。つまり、大人に PECS を使う子どもは、興味のあるものを他の子どもが持っている限りにおいて、他の子どもにも PECS を使うようになるのです。

　ワシントン大学の教育学者たちは、自閉症の子どもが興味のあるものを追い求める傾向を利用する方法を開発しました（Schwartz, Garfinkle, & Bauer, 1998）。彼らは、おやつの時間に、飲食物の分配は大人が管理する傾向にあることに気がつきました。そこで、自閉症の子どもが統合保育されている保育園で、PECS の使い方を知っている数人の友だちに、おやつの一部を与えておくことにしました。最初は、相変わらず教師におやつを要求する自閉症の子どももいましたが、教師はそれを無視しました。自閉症の子どもはたいてい、お気に入りのおやつを持っているのは、今は友だちだということに、すぐに気がつきました。教師の援助が必要な子どももいましたが、他は自発的に友だちに対して PECS を使いました。ここで問題は、PECS を使われた友だちは、おやつを喜んで分けてあげなければならないということです。教師はその子を後押しし、それがうまくできたらしっかり褒めました。じきに、

自閉症の子どもたちは、大人とも友だちとも PECS を使ってコミュニケーションを取るようになりました。

　PECS の使用を教師が特に促していない場面でのコミュニケーションも、この研究者たちは観察しています。促していないにもかかわらず、おやつの時間に友だちとコミュニケーションすることを学習した子どもは、そのような新しい場面でも友だちにコミュニケートしたのです。さらに、フォーマルなコミュニケーションがない新しい場面でも、対人接近とやりとり（自発と応答の両方）が増加したことが観察されました。

　この研究や私たちの経験を活用して、友だちや兄弟姉妹と PECS を使うコミュニケーションの指導が比較的容易になる指針を作りました。その要点は次の3つです。

1．欲しがるモノや必要なモノを、友だちや兄弟姉妹にあらかじめ渡しておきます。たとえば、美術活動では、友だちや兄弟姉妹をクレヨンや紙などを配る役にします。

2．自閉症の子どもが使う PECS の絵やシンボルの意味を、友だちや兄弟姉妹が理解していなければなりません。うまく PECS に対応するには年齢的な限界があるでしょうが、2歳くらいの子どもでも効果的にやりとりしているのを、私たちは観察しています。

3．友だちや兄弟姉妹は、言葉に応じるのと同じように、PECS にも応じる必要があります。つまり彼ら彼女らにも、要求されたものを分かち合うことを促し、支援する必要があります。もちろん、幼い子どもの場合は、あまり興味がないものを《分け与える》ことを教える方がやりやすいでしょう。たとえば、ビルに要求されたときに、メアリーは、好きなクッキーよりも、あまり好きではないポップコーンの方を分けてあげやすいでしょう。

　PECS を使う子どもは、障害のある他の子どもとも、うまくコミュニケーションできるでしょうか？　上記の3点に留意すれば、自閉症を含め様々な障害のある子どもの集団の中でも、PECS をうまく使えることを、私たちは見てきました。

（注：PECS などのコミュニケーション手段を使う子どもとうまくコミュニケートできるように、友だちの方を支援する方法の詳細については、次章で説明します）

PECS と言葉の発達との関係は？

本書の主な対象は、言葉を話さない人に関心のある読者ですが、多くの読者は、そうした人たちが話せるようになることを望んでいるはずです。当然の懸念として、次のことがあります。PECS のような代替コミュニケーション・システムの使用は、言葉を話す可能性を阻害したり抑制したりしないのか？　第 5 章で説明しましたが、このようなシステムの導入が言葉の発達を妨げるという実証的なデータは報告されていません。実のところ、PECS を学習した年少児に関して私たちが集めた情報からは、むしろ逆のことが強く示されました。すなわち、6 歳未満の自閉症の子どもが PECS を 1 年以上使用することが、言葉の獲得と強く結びついていたのです。

1994 年に、私たちは、全州的な公立学校プログラムで教育サービスを受けている自閉症の多くの子どもについて、コミュニケーション様式を調査しました（Bondy & Frost, 1994a）。このプログラムは、1 日中、年間を通して行われるサービスで、子どもに対するスタッフの割合は高いものでした。そして高度に構造化され、応用行動分析を重視するサービスであり、適していると思われる場合には PECS も使用されていました。6 歳以前に PECS を使い始めて、アセスメントの時点での使用期間が 1 年未満の子ども 19 名のコミュニケーションの発達を、私たちは追跡しました。そのうちの 2 名だけが自立的に言葉を話せるようになっており、5 名は主に言葉を使っていましたが、PECS も使っていました。その他の 12 名は、機能的コミュニケーションには PECS だけを使っていました。同時に、上記のグループと同じ年齢で PECS を使い始め、1 年以上使っていた 66 名のグループについても調査しました。このグループでは、41 名が自立的に言葉を話せるようになっており、他の 20 名は PECS と言葉を併用していました。

この調査結果には、いくつか注意すべき点があります。第 1 に、この結果

は、過去に遡って収集したものです。つまり、PECSのトレーニングを受ける群と受けない群に、子どもたちを無作為に割り付けたのではないのです。したがって、PECSを学習することによって言葉を話すようになったとは断言できません。第2に、私たちが記述した《自立的な言葉》とは、言葉がその子どもの唯一のコミュニケーション手段であるという意味であり、必ずしも年齢相応の言語スキルを獲得したという意味ではありません。ですから、PECSを始めてから年齢相応の言語スキルを獲得した子どももいれば、言語使用能力がとても限定的な子どももいたのです。それでも、このような追跡調査から、PECSの使用は言葉の発達を抑制しなかっただけではなく、むしろ言葉の発達に寄与したであろうということが言えます。

　最近は、PECSに関する研究の徹底的な検討が行われています。ある報告は（Tien, 2008）、「ASD（自閉スペクトラム症）の人の機能的コミュニケーション・スキルを高める支援法として、PECSには科学的根拠がある（evidence-based）」と結論付けています。別の検討報告では（Tincani & Devis, 2010）、PECSは言葉の発達を遅らせたり妨げたりするのではないかという心配が当初はあったが、査読誌に掲載された研究をいくつか検討すると、「PECSが言葉を抑制するということには科学的根拠は認められず、それどころか、影響があるとしても、それは言葉の抑制ではなく促進である」という結果でした。最後に、3つ目の検討報告では（Sulzer-Azaroffら，2009）、「検討結果によると、機能的コミュニケーション手段としての言葉がない人々や言葉が障害されている人々に、世界中でPECSは提供されている」と述べられています。

言葉を話すようになったら、PECSはやめるべきか？

　PECSの導入後によく出てくる質問で、このことに関連したものがあります。数カ月あるいは数年間も発語なしでPECSを使用してきた子どもが、言葉を話し始めたら、どう対応すべきか、という質問です。子どもの最初の発語を聞くと、親も専門家もPECSブックを片付けて、言葉だけでコミュニケートすることを強く求めがちです。こういう場合、私たちの経験から言えることは、細心の注意を払って徐々に進めていくのがよいということです。

その理由は、次の２つの事例で示します。

　　ジャックは、３歳になった頃に PECS を始めました。その頃、ジャックは、声を発することはめったにありませんでした。PECS の初期スキルを、ジャックはすぐに獲得しました。ジャックが文カードを使い始めたら、先生は、文を読み上げるときに時間遅延法を使い始めました。（つまり、先生が文カードの要求アイテムの絵カードを読んでから、それに続く「ください」絵カードを読む前に少し間をおいたのです）。そして、ジャックは文の中の単語のいくつかについては、それに近い音声を出すようになりました。

　　それからの数カ月間で、ジャックの文構成はもっと複雑になり、音声模倣の能力も向上しました。間もなく、文カードを交換する際に、絵カードに対応した発語が確実に出るようになりました。さらに次の数カ月で、文を構成しても、その文カードを先生に手渡さずに読み上げる、ということが時折見られるようになりました。さらに、コミュニケーション・ブックを使わずに、単語や簡単な文をいくつか話し始めたのです。PECS を始めてから約 24 カ月後に、ジャックは PECS をやめて、言葉ですべてのコミュニケーションを行うようになりました。

　　図１は、ジャックが PECS を始めてから、どのように絵カードと言葉を使うようになっていったかを示しています。PECS トレーニングの初日に、最初の PECS 絵カードを学習しました。そしてトレーニングのフェイズを進みながら、急速に新しい絵カードを学習していきました。言葉に近い発声を初めて私たちが聞いたのは、トレーニング開始から６カ月後（図１の A）でしたが、単語を初めて確実に言ったのは、開始から 12 カ月後（図１の B）でした。

　　ジャックが最初の単語を話した後、次々にしゃべり出していることに注目してください。しかし、初めて単語を話した後の４カ月間に、絵カードの語彙は 50％も増加しています。この間の進歩は、新しい語彙だけでなく、新しい構文やコミュニケーション機能にも及んでいます。たとえば、PECS の終了が近づいてきた頃、一部の動詞に「〜しています（-ing）」を付け加え

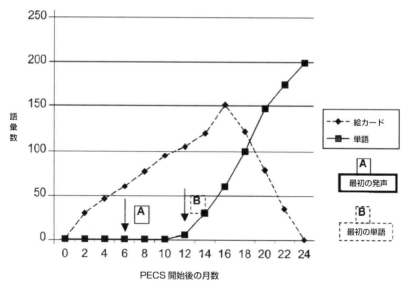

図1. ジャックの語彙

ること（たとえば、「彼は歩いています」）がジャックには難しかったのです。そこで、「〜しています」を意味する絵カードをコミュニケーション・ブックに加えて、それを使って文を作ることを教えると、言葉に関しても動詞の適切な語尾を使えるようになったのです。もし、最初に言葉を発した時点でコミュニケーション・ブックを撤去していたら、どうなっていたでしょうか？　その時点では、単語を話したり模倣したりしかできなかったのですが、視覚的シンボルであれば複数の要素からなる文を構成できたのです。

　子どもが言葉を話すようになったからといって、急いで PECS を撤去することが、なぜよくないかを示す事例をもう一つ紹介しましょう。PECS を使い続けながら言葉も使う子どもたち数名について、コミュニケーション・ブックを使える場面と使えない場面を設定し、両者を比較してみました（Frost, Daly, & Bondy, 1997）。子どもたちは、コミュニケーション・ブックが使えない場面では、ごく限られた言葉しか話さなかったのに対し、コミュニケーション・ブックが使える場面では、はるかに複雑で多様な言葉を話し

ていたのです。たとえば、ある子どもは、コミュニケーション・ブックがない場面では「クッキー」と言ったり、ときには「ください」と言ったりはしました。しかし、コミュニケーション・ブックがあると、文カードを完成させて、「緑のおもちゃ2つください」とか「大きな黄色のキャンディください」と言えたのです。もし、コミュニケーション・ブックを取り上げたり、言葉だけでコミュニケートすることを強制したりすれば、視覚的コミュニケーション・システムを使うときのようには、コミュニケートできなかったでしょう。

　もし誰かが、子どもの言葉を増やすために、コミュニケーション・ブックを突然取り上げるようなことをして、その結果〔AACの〕スキルを失わせることになれば（たとえ、将来それらのスキルは後退すると思われても）、それは非倫理的であると私たちは考えます。あるシステムから別のシステムへ移行するときには、いかなるスキルも失われてはなりません。子どもが学習した絵カードの総数だけでなく、子どもが作る文の複雑さに関しても、子どものスキルを測ることができます。視覚的な補助コミュニケーション・システムをやめるためには、子どもの話す言葉の少なくとも70%は、初対面の人にも確実に理解できるものになっていてほしいと思います。

　最後に、PECSは、機能的コミュニケーションを教えるために用いるのであり、言葉を話すことを教えるために用いるのではない、ということを忘れないでください。もちろん、子どもが言葉を話せるようになることはとても喜ばしいことで、そうした変化は大いに強化するべきです！　語彙が増え続ける（絵カードが120枚以上の）子どもの場合は、電子機器へ移行することで、引き続き語彙の増加が促され、絵カードの選択も容易になるでしょう（AACシステムについて第5章で説明したように）。

PECSのトラブル解決法

　表7-3は、指導者や親が、PECSを実施するときに、最もよくする間違いをまとめたものです。この表には、それぞれのフェイズでよく生じる間違いと、その解決法を掲げました。

表7-3．PECS の各フェイズでよくする間違い

フェイズ	よく生じる間違い	解決法
Ⅰ．自　発	1．強力な強化子がない 2．言語プロンプトをしてしまう 　（たとえば、「何が欲しいの？」 　「その絵カードをちょうだい」） 3．子どもが手を伸ばす前に身体 　プロンプトをしてしまう	1．強力な強化子を見つける 2．黙る練習をする 3．手を伸ばすまで待つ
Ⅱ．持　続	1．指導者が1人 2．おやつの時しかしない	1．2人目の指導者をさがす 2．朝から晩まで、強化的な場面 　を創り出す
Ⅲ．選　択	1．このフェイズを始めるまでに 　時間をかけ過ぎる（たとえば、 　絵カードを50枚使うように 　なるまで、このフェイズを始 　めない） 2．初めから並べる絵カードが多 　すぎる（たとえば、おやつの 　絵カードすべて） 3．子どもが絵カードを手渡すま 　で褒めない 4．絵カードのタイプを1種類に 　限定する（たとえば、すべて 　の絵カードが白黒）	1.6～12種の強化子が使えるよ 　うになったら始める 2．好きなモノ1つと好きでない 　モノ1つで始める 3．絵カードを選んだときにフィ 　ードバックを与える 4．柔軟に考え、他の方法や種類 　の絵カードも試してみる
Ⅳa．文構成	1．このフェイズに進むまでに時 　間をかけ過ぎる 2．言語プロンプトを使う 3．発語をさせようとする	1．絵カード5枚の区別ができた 　ら、すぐにフェイズⅣを始め 　る 2．言語プロンプトはまだ！　身 　体プロンプトを使う 3．だめ！　ずっとだめ！
Ⅳb．属　性	1．1つのモノに1つの属性しか 　使わない 2．このフェイズを始めるまでに 　見本合わせを学習させること 　に固執する	1．多くの属性語を教える一色、形、 　大きさなど 2．子どもにとって属性が重要な 　らこのフェイズを始める
Ⅴ．質問への応答	1．自発の機会をなくす（たとえば、 　毎回「何が欲しいの？」と尋 　ねてしまい、自発性を損なっ 　ている）	1．応答と自発の両方の機会を創 　り出す
Ⅵ．コメント	1．退屈な題材 2．予想されることの繰り返し	1．注目を引くものを題材にする 2．意外性や新奇性を盛り込む

表7- 3のつづき

Ⅶ. PECS から 言葉への移行	1. 発語模倣に固執する	1. 機能的コミュニケーションが うまくとれたら、常に強化す る
	2. 絵カード/PECS を取り去る	2. その時期は子どもが決める
	3. 発語だけを強化する	3. 発語には、よりいっそうの強 化をする

「だめ！」の伝え方と「だめ！」と言える生活

　子どもが効果的に物事を要求するようになるとすぐに、私たち大人は難しい選択に直面します。子どもが要求するものは、いつでも与えなければならないのでしょうか？

　PECS やその他のコミュニケーション・システムのトレーニングの初期段階では、最初の要求はとても重要で、誰もがそうした要求に対して確実に強化子を与えようとします。したがって、もしある女の子が、トレーニングの初日にプレッツェルを 100 回要求したら、私は彼女の新しいスキルに感激して、100 個のプレッツェルを（とても小さくして！）与えるでしょう。しかし、数日後には、彼女が要求するたびにそれをかなえるほどには、私は感激しなくなります。では、選択肢にはどのようなものがあるでしょう？　私たちはここまで、この問題を避けてきました。なぜなら、利用可能な対応のすべてを学習するには、多くのレッスンを必要とするからです。以下に、いくつかの選択肢を示します。

　1. 女の子がプレッツェルを全部食べてしまったら、空になった袋を見せます（しかし、「ないよ」とは言いません。そうすれば、彼女はあなたにではなく（！）、空き袋に対して腹を立てることになります）。そしてすぐに、代わりのモノを彼女に与えます。彼女は、それ以上プレッツェルを要求しても無駄だと見てわかるでしょう。

　2. プレッツェルを食べる時間（あるいは、彼女の要求したモノや活動が何であれその時間）でなければ、プレッツェルの絵カードを受け取り、

スケジュール表のおやつの時間帯に貼ります。

3. 「待って」カードを手渡します（第8章を参照）。そして待っている間、使用可能な何か代わりのモノで気を引きます。待ち時間が終わったら、彼女が別のモノを選択するかどうかを見ます。

4. 代わりの強化子のメニューを絵カードで見せて、その中から選べることを示唆します。

5. 代替メニューがなければ、プレッツェルの絵カードの上にユニバーサルNO™サインを貼ってもよいし、ボードを二分してそれぞれ赤色と緑色に色分けし、赤色の部分にプレッツェルの絵カードを貼ってもよいでしょう。緑色の部分に貼られた絵カードのアイテムは入手可能ですが、赤色の部分に貼られた絵カードのアイテムは入手不可能なことを示すのです。

6. 子どもと交渉することに価値があるかどうかを考えましょう。彼女が何かとても素晴らしいことをしたのなら（新しいスキルを学習した、部屋の掃除をしたなど）、彼女と交渉をしてもよいでしょう。この場合、次の章で紹介するトークン・システムを始めるために、彼女の要求を活用します。

7. 最後の方法としては、「ないよ」とだけ言い、彼女がかんしゃくを起こすのを見ているだけになるかもしれません。もちろん、子どもがケガをしないように（あるいは人にケガをさせないように）注意してください。このとき、子どもに譲ってはいけません。もし譲ってしまうと、かんしゃくが第一の要求手段になってしまいます。子どもがかんしゃくを爆発させている間、彼女に、場合によっては他の子どもにも、どんな強化子が他にあるかを見せます。そうすれば、別の要求を引き出すことができるかどうかがわかります。

　もちろん、多くの人が選びたくなる選択肢は、単に子どものコミュニケーション・ブックからプレッツェルの絵カードを取り去ってしまうことでしょうが、それは絶対にしてはいけません。絵カードは子どものものであり、子どものコミュニケーション・システムの一部なのです。教師や親の絵カード

ではありません。そもそも、話すことができる子どもは、絶えず要求や質問をしてうるさいものではないでしょうか？　それが当たり前です。そんな子どもの口をテープで塞いでしまいたいものだと思うことはあるかもしれませんが、決してそんなことはしません。同様に、PECSを使って、私たちとコミュニケートする能力を、子どもから奪うようなこともしないはずです。私たちは、子どもの要求のすべてを認めたり、すべてに応じたりはしないでしょうが、それはいかなる社会においても、そこで成長させるためには当然のことです。

手助けをどこに求めるか

　上記の助言が、問題の予防や適切な修正計画の立案に役立つことを願っています。もちろん、予想もしなかった問題に直面するかもしれませんし、あなたが支援する子どもへのPECSシステムの適用にあたって疑問が生じるかもしれません。そのような場合の対処法がいくつかあります。

　第1に、あなたのチームに応用行動分析学に精通している人を加えることが重要です。これまでに説明したやり方はすべて、応用行動分析学の中で開発されたものです。応用行動分析学は、学習の科学、したがって指導の科学を重点的に扱う学問です。この分野の専門家が持つべきスキルを明確にし、査定するための指針を、国際行動分析学会（Association for Behavior Analysis International）が提供しています（www.abainternational.org）。もう一つ、行動分析学に関する豊富な資料を、ケンブリッジ行動研究センター（Cambridge Center for Behavioral Studies）がスポンサーとなっているウェブサイトが提供しています（www.behavior.org）。この組織の、自閉症に特別の関心を持つグループ（Autism Special Interest Group）は、親などがこの分野に精通した専門家を探す助けとなる指針集（*Guidelines for Consumers of Applied Behavior Analysis Services to Individuals with Autism*）を作成しています。

　第2に、有能な言語聴覚士も、チームの重要なメンバーになるでしょう。その人は、子どものコミュニケーション能力を、検査によってフォーマルに、観察によってインフォーマルに評価できます。また、AACの方法について

情報を提供してくれますし、子どもの日課に言語学習を組み込む方法について、親や教職員に助言をしてくれます。この分野では、米国言語聴覚学会（American Speech-Language-Hearing Association）が、資格や能力に関する適切な指針を提供しています（www. ASHA.org）。

　PECS のフェイズや指導方法に関するさらに詳しい手引きとしては、私たちが執筆した《絵カード交換式コミュニケーション・システム・トレーニング・マニュアル第2版》（Frost & Bondy, 2002）を参考にしてください。また、このシステムの概要をより視覚的に説明している DVD もあります。このような教材については、手助けとなる団体についての情報とともに、巻末のリソース・ガイドで紹介しています。[訳注2]

■ 引用・参考文献

Frost, L., Daly, M., & Bondy, A.（April, 1997）. Speech features with and without access to PECS for children with autism. Paper presented at COSAC. Long Beach, NJ.

Frost, L. & Bondy, A.（2002）. *The Picture Exchange Communication System（PECS) Training Manual 2nd ed*. Pyramid Educational Consultants.〔訳注：門眞一郎監訳（2005）「絵カード交換式コミュニケーション・システム・トレーニング・マニュアル第2版」. ピラミッド教育コンサルタントオブジャパン〕

Harris, S.L. & Weiss, M.J.（2007）. *Right from the Start: Behavioral Intervention for Young Children with Autism*. 2nd ed. Bethesda: Woodbine House.

Schwartz, I., Garfinkle, A., & Bauer, J.（1998）. The Picture Exchange Communication System: Communicative outcomes for young children with disabilities. *Topics in Early Childhood Special Education, 18(3)*, 10-15.

Sulzer-Azaroff, B., Hoffman, A., Horton, C., Bondy, A., & Frost, L.（2009）. The Picture Exchange Communication System（PECS): What do the data say? *Focus on Autism, 24*, 89-103.

Tien, K-C.（2008）. Effectiveness of the Picture Exchange Communication System as a functional communication intervention for individuals with autism spectrum disorders: A practice-based research synthesis. *Education and Training in Developmental Disabilities, 43*, 61-76.

Tincani, M. & Devis, K.（2010）. Quantitative synthesis and component analysis of single-participant studies on the Picture Exchange Communication System. *Remediation and Special Education（Online First）*, 1-13.

訳注2：本訳書では割愛した。

第 8 章

理解の視覚的支援

　私は、ブランカという 10 代の若者に関わっていました。ブランカは話すことはできませんでしたが、欲しいモノを要求するときには PECS を上手に使っていました。ときどき、ブランカはひどくいらだって、自分の頭を手で強く叩くことがありました。いらついているブランカに誰かが近づきすぎると、その人をも叩こうとしました。ブランカは頼まれたことをやりたくないということなのか、それとも、言われても理解できないことがあるということなのかが、私たちにはわかりませんでした。そこで私たちは、普段教室にある物品を取って来るようにと、簡単な言語指示をしてみることにしました。ブランカは 10 個ののうち 1 個しか取って来られず、ほとんどすべての指示に対して頭を叩きました。次に、同じ物品について、絵カードを使って指示をしてみました。絵カードを使うと、ブランカはすべての物品を取って来ただけでなく、頭を叩くこともなかったのです。この場合、明らかに、指示に従おうとしなかったというよりは、指示が理解できなかったという問題だったのです。

　これまでの章では、私たちにコミュニケートする能力の向上を支援するシステムを使うことに着目してきました。つまり、《表出》言語スキルの向上についてみてきました。この章では、私たちからコミュニケートすることをよく理解してもらうこと、言い換えれば《受容》言語スキルを向上させる視覚的システムの活用方法について説明します。

指示の理解

　自立に欠かせないスキルの一つが、簡単な指示の理解です。たとえば、日用品を求められたり、ある場所に行くことを求められたり、直接的に質問されて返答を求められたりすることです。第2章では、言われたことを理解するだけでなく、様々な視覚的シンボルを理解することも重要だと指摘しました。ブランカの例のように、聴覚的手がかりよりも、視覚的手がかりの方にうまく反応できる人もいることを、忘れてはいけません（こうした状況についての詳細は、Peterson, Bondy, Vincent, & Finnegan が、1995年に報告しています）。

　私たちの周囲には多くの視覚的手がかりがありそのおかげで私たちは効果的に行動しやすくなるのです。

1. **私的なもの**……スケジュール帳、カレンダー、時計、ポストイット、手帳、買い物リスト、スマートフォン
2. **公的なもの**……交通標識（文字、矢印、道標の形や色など）、トイレ表示、非常用標識、道路上に引かれた線、公共交通機関の広告、バスや電車の路線番号

　このリストからわかるように、社会でうまく行動するためには、誰もが理解しなければならない視覚的シンボルはたくさんあります。したがって言葉を話せない子どもや大人に、視覚的シンボルの理解を教えることも重要なことは間違いありません。従来、この種のレッスンは、《見本合わせ（マッチング）》と称する方法で指導されてきました。

　見本合わせのレッスンでは、たくさんの教材や物品を使うことができますが、重要な目標の一つは、あるモノを表すものを見せたら、子どもはそのモノを選ぶということです。たとえば、ボールの絵カードを見せたら、子どもは実物のボールを、コップの絵カードを見せたら、子どもは実物のコップを取ります。それができれば、子どもはその絵カードの意味を理解したと判断します。多くの指導者は、この種のレッスンを簡単にして、絵に対応するモノを指さすことをさせてきました。私たちだったら、様々なモノをテーブル

の上に並べ、子どもに絵カードを次々に見せるでしょう。絵カードに対応するモノを確実に触れば、この課題を子どもは学習したと言えるでしょう。

　子どもに絵カードを見せて、対応するモノを指さささせることに加えて、このレッスンの順序を逆にすることもできます。つまり、様々なモノを提示して、それに対応する絵カードを指さすことを子どもに教えるのです。行動分析学には《刺激等価性 stimulus equivalence》と言う魅力的な分野があり、このレッスンをある方向（すなわち絵カードに対するモノ）で学習すると、別の方向（モノに対する絵カード）でも、取り立ててトレーニングしなくても、そのスキルを学習しやすくなるのです。

　そのような見本合わせのレッスンについて、私たちが疑問に思うのは、そのレッスンはコミュニケーション的と言えるのかということです。そのようなレッスンは指導者主導で行われ（指導者が最初にモノを見せ、それに対応した絵カードを子どもが指さす）、子どもの反応は絵カードに対してのものであり、必ずしも指導者に対してのものではありません。そういうわけで、このレッスンは教育パッケージ全体の一部には違いないでしょうが、機能的コミュニケーションのレッスンを始めるための必要条件ではないはずです。実際、絵カードとモノとの対応を教えるレッスンを始める《前に》、PECSを導入する場合には、そのようなレッスンは全く必要ありません。言い換えると、PECSによるコミュニケーションを学習する過程で、絵カードとモノとの対応も子どもは学習するのです。

指示に応じることの指導

　本書全体を通して私たちが強調したいことは、子どもにとって機能的なやり方でコミュニケーションを教えること、すなわち、子どもの日常生活の一部に密接に関係する重要なモノや活動を用いるレッスンで、コミュニケーションを教えることです。子どもに言語理解を教えるときにも、このことを強調し続ける必要があります。

　他者を理解することを学習する理由の一つは、私たちにとって重要な情報を他者が持っているからということです。そのことを思い出してください。

私たちがコミュニケートしようとしていることの重要性を、子どもが学習するよう、《聴き取り》のレッスンを計画する場合、このレッスンの効果を増大させることができます。たとえば、指示に従ってソファやイスやドアのところに行くよう教えることもできるでしょう。あなたが指示したところに子どもが行ったら、褒めるでしょう。しかし、もし褒めても、それがその子どもの好きなことや期待したことではなかったなら、以後そのような指示の多くに応じようとはしなくなるでしょう。指示に応じるという課題からは、得られるものはごくわずかだということに気づくからです。

　指示に応じるレッスンを機能的なものにするために、子どもにとって重要なモノ（キャンディやおもちゃなど）を、特定のモノの上や近くに隠しておきましょう。たとえば、子どもがPECSを使ってキャンディが欲しいことを伝えてきたら、キャンディはソファの上にあることを（わかりやすく）伝えます。子どもは、ソファに行くとキャンディを見つけることができ、指示に応じることが強化されるのです。

　それと関連するやり方として、子どもが指示に応じて、ソファやイスやドアのところに行ったときに、自然な結果として楽しい経験が待っているようにします。たとえば、ドアのところに行ったことの自然な結果として、外に出られる。ソファに行って座った結果として、テレビが見られるなどです。このやり方で教えるときには、指示に応じることと自然な結果とを結びつけることが重要です。

絵カードの理解の指導

　こうした指示のルーティンで使う絵カードやシンボルの理解を指導する際には、その絵自体を子どもが理解していることを確認することが重要です。つまり、言葉と視覚的手がかりとを一緒に使いたいと思うことがあるでしょうが、その場合、子どもは言葉だけに反応したのか、絵だけに反応したのか、それとも理解には両方が必要なのかがわからないでしょう。私たちの社会では、聴覚的手がかりがなくて視覚的手がかりだけに反応する必要もあるので、この理解レッスンはどの子どもにとっても重要です。そういうわけで、言葉

を伴わない視覚的手がかりでの指示を理解することを指導します。

　この種のレッスンを始めるにあたっては、指示理解の指導に使うモノを、その子どもはよく知っているということを、まず押さえておきます。それは、子どもが楽しめる（ボールのような）モノか、それと関係することを知っているモノ（たとえば、食事前にテーブルに皿を並べる）にすべきです。たとえば、朝食の直前に、ボウルの絵カードを子どもに見せて、朝食のためにボウルを用意しなさいという合図とすることができるでしょう。朝、テーブルにボウルがあると、間もなくシリアルが出てくるということを経験してきた子どもには、この絵カードを使うとうまくいくでしょう。まず、子どもにボウルの絵カードを見せてから、ボウルがしまってあるところへ黙って導きます。最初の数回は、このようにガイドして間違いなくやれるようにします。やがて、同じようにレッスンを始めますが、行動連鎖の最後の部分を少しだけ、子どもに一人でさせます。徐々に手助け〔身体プロンプト〕を除いていきます。そのうち、絵カードを見せるだけで、子どもはボウルを持ってきてテーブルに置き、シリアルを待つようになります。

　その日の別の機会には、他の重要な教材にも同じ指導方法を使ってみましょう（たとえば、体育館に持っていくボール、絵を描くためのクレヨン、朝の会に参加するための本など）。このやり方で、絵カードや視覚的シンボルとその教材を使うこととの関連性を理解できるので、そのような絵カードや視覚的シンボルのセットを作れます。また、具体的な場所（たとえば、描画用テーブル）や活動（たとえば、朝の会）に関する絵カードや視覚的手がかりへの応答も、教えたいと思います。口頭指示の理解を教えるために、効果的な絵カードや実際に使うモノと口頭指示とを対提示することもできるでしょう。

使用するシンボルの種類

　言葉の理解だけでなく、様々な視覚的シンボルの理解についても、すべての子どもに教えることが重要だと私たちは主張してきました。それでは、どんなシンボルを選ぶべきでしょうか？　その子がPECSを使用しているの

なら、使い慣れた同じ種類のシンボルを使うとよいでしょう。しかし、混乱を避けるために、コミュニケーション・ブックで使っているものよりも、もっと大きな絵カードを使うと、わかりやすいでしょう（たとえば、5 cm × 5 cm ではなく 10cm × 10cm のもの）。つまり、5 cm × 5 cm の絵カードは、子どもが要求のために使い、10cm × 10cm の絵カードは、親や指導者が指示するために使うということです。

PECS を使っていない子どもの場合は、子どもが理解可能なシンボルであれば、何を使ってもよいでしょう（写真、製品のロゴマーク、ミニチュア、実物、立体的なもの、その他似たようなシンボル）。

指示理解のトレーニング vs. 従順さのトレーニング

最後に、レッスンの目的は、次のどちらなのかをよく考えなければなりません。指示内容の理解を重視するのか、それとも、（状況に合っていようがいなかろうが）指示の従順な実行を重視するのかです。たとえば、「ドアのところに行きなさい」という指示の理解をメアリーに教えたいのであれば、メアリーがドアのところに行ったら、「ドア」に関係する出来事（たとえば、外に出ること）が生じるようにしなければなりません。同じように、流し台、冷蔵庫、ボールなどについての指示は、いずれも適切な活動につながるようにします。一方、メアリーに従順さを教えることを目的として、私たちが言うことを実行させるのであれば、「ドアのところに行きなさい」と指示した後、メアリーがドアのところに行ったら、それを褒めてあげればよいのです（外には行かせません）。

従順さ自体が重要なときもありますが、従順さを焦点としてすべての指示理解レッスンを始めるべきではありません。しかも、年少の自閉症の子どもの多くは、従順さの指導で用いる人からの称賛にはうまく反応してくれません。実際、指示されたようにしないときに使われる身体プロンプトを避けるために、指示に従うことを学習する子どももいます。

スケジュールの理解

　たいていの大人は、特に多忙な人は、大切な約束や用事を忘れないために、何らかのカレンダー・システムを使っています。非常に高度な言語スキルを持っている人でも、カレンダーを利用します。つまり、予定をすべて憶えておけるとしても、すべきことの記憶を助ける様々な視覚的手がかりを利用すると、より確実に行動できるということを、私たちは学習しているということです。さらに、私はスケジュールを今後も使い続けるつもりです。つまり私は、翌年にはもっと賢くなって、そのような視覚的手がかりを必要とはしなくなるだろうとは思わないからです。

　私たちが自分自身の生活の中で重要だとわかったことは、子どもにも教える価値があります。つまり、私たちにとって良いものなら、おそらく子どもにも良いものだということです。そういうわけで、私たちは、カレンダー・システムを使って生活し、予定を思い出しているのですから、同じようなシステムを子どもに教えることは、とてもよい考えだと確信しています。自閉症の子どもの中には、学校や家庭での予定を理解すれば、かんしゃくやパニックをあまり起こさなくなる子もいます。

スケジュールの理解を指導する手順

　スケジュールの理解を子どもや大人に教えるのは、視覚的指示の理解を教えるのと同様です。実際には、個々の絵カードの理解を子どもが学習してから、スケジュールの理解を教えるようにします。スケジュールとは、絵カードや他のシンボルが連続したものです。ここで重要なのは、何をすべきかの理解を、指導者や親の言葉に頼らせるのではなく、一連のシンボルの使い方を教えるということです。そこで、一つ簡単なルールがあります。それは、「スケジュールを確認しなさい」とは言わないということです。もしそれを言おうと思ったら、やるべきことも説明しようと思うでしょう！　そうではなく、周りの環境内にある自然な合図に応じることを、子どもに教えてください。たとえば、以下のようなものが、自然な合図となります。

1. 課題の完了（教材を使い果たしたことや、すべての教材を使用したことが合図）
2. 活動の終わりを知らせる音や声。環境内の音（ベル、チャイム、アラームなど）、あるいは人の声（「音楽は終わり！」との先生の声かけ）
3. 視覚的な合図（教室の明かりの明滅、教師が手を挙げるなど）
4. 教室に入ること（たとえば、その日の始まり、昼食、体育、休憩が終わった後など）

これらの合図に応じることを、身体プロンプトを使って教えることができます。そして、使ったプロンプトはできるだけ速やかにやめていきます。たとえば、その日の始めに子どもが弁当を整理棚に置いたら、壁に設置したスケジュールのところまで、身体プロンプトを使って誘導します。それを続けるうちに、整理棚からスケジュールに行くためのプロンプトの量を減らしていきます。このやり方は、すでに説明したものと同じです。つまり、追加の言語プロンプトは使わないで、身体プロンプトをなるべく子どもの背後から行い、できるだけ自然にポジティブな結果事象が伴うようにするのです。

　絵カードやシンボルを、スケジュールとして縦に順番に並べます（その理由は、私たちは、とても幼い子どもたちにもスケジュールを使うのですが、子どもによっては、右 - 左の弁別が難しいからです）。別のやり方もあります。ファイルノートに、1ページごとに活動の絵を1枚ずつ入れていくのです。詳細については、*Activity Schedules for Children with Autism: Teaching Independent Behavior,* 2nd edition（MaClannahan & Krantz, 2010）を参照してください[訳注1]。

　写真は教室内でのスケジュールの例です。

日課や期待される結果の変更の理解

　12歳のゼナは毎日、絵カードによる1日スケジュールをとても上手に使っています。ゼナは毎朝、教室に入ると、すぐに最初の活動は何で、誰とするのかを確認します。しかし、先生は、大きな問題が一つあることに気づきました。もし、スケジュール通りに正確に事が進まないと、ゼナは非常に混乱し、スケジュールに基づいて活動しようとはしなくなるのです。先生は、ゼナがある程度自立できていることはうれしいのですが、変化をまったく受け入れないことに困っています。3歳児の生活であれば、すべてを大人がコントロールするのも一つの方法ですが、10代の子どもとなるとそうはいきません。生活の中で生じる変化を受け入れることを、ゼナに誰も教えてこなかったことに、先生は気づいたのでした。

　これは、ある一つのこと（絵カード・スケジュールの理解）を学習すると、行動マネジメントに関して新たな問題（スケジュールの変更が我慢できない）が生じることがあるという例です。したがって、これと同じ問題がどの子に起きるのか、を知ることに時間を費やすのではなく、《すべての》子どもに対する指導の一つとして、変化や変更を受け入れることを指導することが重要です。この指導には、いくつか方法があります。

訳注1：この本には日本語訳があります。リン・E・マクラナハン／パトリシア・J・クランツ著，園山繁樹 監訳『自閉症児のための活動スケジュール』（2014，二瓶社）。本文の該当箇所は30-31ページです。

自閉症の子どもが直面する変化や変更にはいろいろなものがあります。好きなこと（たとえば、外に遊びに行く、好きな先生と勉強するなど）から、さほど好きではないこと（たとえば、雨天のため室内にとどまる、自分をよく知らない代講の先生と勉強するなど）までいろいろあります。

　変化や変更を受け入れることを教える簡単な方法の一つは、変化や変更を系統的に導入していくことです。その変化は、最初は「うれしい」驚きとなるものにします。たとえば、私たちが作るスケジュールには、「びっくり」を意味するシンボルを入れます。それは大きな「？」マークだけのカードであったり、独特の色や形の背景に文字で「びっくり（サプライズ）」と書いたものであったりします。スケジュールがそのカードのところまで進んだら、「びっくり」活動として、強化的な活動や特別な楽しみをたくさん用意します。この「びっくり」は、スケジュールのどこに入れてもよいのですが、最初は、勉強時間やあまり楽しくない活動と置き換えることが多いです。

　やがて、時には「びっくり」をさほど楽しくない活動にします。たとえば、マーシャ先生ではなくジェイン先生と勉強するとか、教室の前の方ではなく、後ろの方で読書するとかです。もちろん、その変更は、とても難しいものであってはなりません。この段階では、ほんの少しだけいやなことにすべきです。最終的には、勉強に関連した活動へと変えていくのです。たとえば、いつもは算数の時間の次にコンピュータの時間なのに、ある日の「びっくり」は、コンピュータの時間の次に算数の時間となるというようなことです。

　こうした「びっくり」活動に参加したら、たっぷりと強化子を与えるようにします。「びっくり」カードは、すぐに楽しいこと（たとえば、勉強の代わりにパーティ）になるということを意味する、あるいは、スケジュールに応じたから、「びっくり」活動がとても楽しい結果になる、ということを、子どもに学習してもらいたいのです。「びっくり」は、ときどきはとても楽しくてやる気になるものにしておいて、次の「びっくり」はどんな種類のものかが、子どもには予測できないようにすることも重要です。

　このようにいろいろな内容の「びっくり」があるということがルーティンになれば、本当にびっくりするような変更が起きたときには、スケジュールに「びっくり」のシンボルを貼るだけで、子どもは変更に対処できると教師

は確信できるのです。まとめると、私たちのやり方は、次のようなものになります。「私たちは誰でも、予測できない変更が生活の一部として生じることを知っています。ですから、負荷をかけすぎないよう制御されたやり方で、かつすぐに助けてもらえるようにして、親と教師がもっと効果的に変更を教えることができれば、このために生活を変える必要はなくなるでしょう」。

「待って」の理解

　マリオは19歳で、過去数年間は地域でしっかり働いていました。マリオは仕事を楽しんでいるようでしたが、実は毎日の仕事の後でハンバーガーを食べに行くことが一番の楽しみだったのです。以前は、ときどき激しい攻撃行動を起こすことがありましたが、ここ1年は誰にも攻撃的にはなりませんでした。先生はいつも、マリオともう一人の生徒を、公共交通機関を使って、仕事場とハンバーガー・ショップに連れて行きました。

　冬のある日、先生が2人の生徒を連れて歩いていると、もう一人の生徒がくしゃみをしたのです。先生はその様子を見て、教室に戻ってその生徒のコートを拭く必要があると判断しました。バスに乗るまでに、まだ時間がたっぷりあることも、先生はわかっていました。

　先生は2人に、教室へ戻る必要があるということを合図しました。活動に戻るまで少しの間待つ必要があることは、2人に伝わったと先生は思ったのです。しかし次の瞬間、マリオが先生に頭突きを食らわしたのです。もう少しで肋骨が折れるところでした。しかも歩道に倒れた先生に、マリオはさらに攻撃を加えたのです。なぜ彼は突然攻撃したのでしょう？　実は、先生はマリオに「待って」と伝えたつもりだったのですが、彼は「ダメ、君の大好物のハンバーガーを食べには行かないよ」と言われたと思ったのです。

　長期的な解決策は、次の2つの指導計画にかかっていました。つまり期待していたルーティンの変更を受け入れることを教えるとともに、待つことを教えるのです。この種のトレーニングには6カ月以上かかりましたが、最後には、期待していた楽しみを待つようにと伝えても、不適切な行動は起こさなくなりました。

待つことの学習は、多くの子どもにとって難しいレッスンになることがあります。待つことの学習は、ある意味で、子どものセルフコントロール、すなわち喜びが遅れることを、落ち着いて受け入れる能力、に関することだと考えられます。しかし、待つことの学習はコミュニケーションの問題とも考えられます。なぜなら「待って！」と言われて、その言葉の意味を理解する必要があるからです。たとえば、ひとたび好きなお菓子を要求することを学習したら、いずれは、あなたがお菓子を持っていないときにも要求するようになるでしょう。そのとき、あなたは「待って！　取ってくるから！」と言いたくなるはずです。こういう場合、「待って」は「ダメ」とは違うということを、子どもが理解することが重要です。子どもに「待って」と言うとき、それは「あなたの欲しいモノはわかっているし、ちゃんとあげますよ。でも、あなたが思っているよりも少し時間がかかります」という約束をすることになります。コミュニケーションに大きな制約がある子どもに、この複雑なことを教えるにはどうしたらよいでしょうか？

　期待している強化子を待つことを教える際に重要なことは、強化子の獲得や待ち時間の長さを、指導者が完全にコントロールすることです。ファストフード・レストランのような普段の場面でこのレッスンをすることが、なぜ難しいかというと、トレーニングの最初から待ち時間をコントロールする必要があるのに、それができないからです。このような所では、食べ物が出てくるまで、どれくらい待たねばならないのか、誰にもわかりません。また、少しの間待った後に、子どもが手に入れたいと思っているモノについて、指導者は正確に知っておくことも重要です。そのため、「待って」のレッスンは、自分の欲しいモノを、子どもが確実に要求できるようになってから始めるのが一番よいでしょう。さらに、「待って」に結びつく視覚的手がかりを使って、私たちのメッセージを理解しやすくするのです。

　たとえば、子どもが（私たちが完全にコントロールしている）クッキーをPECSで要求したら、その絵カード（あるいは文カード）を受け取って、すぐに「待って」の視覚的シンボルを子どもに渡します（そして「待っててね」と言ってもよいでしょう）。「待って」をシンボルで表現するのは難しいので、「まって」とくっきり書いた鮮やかな色の大きなサインを、私たちは

使います（絵参照）。子どもが実際
にその文字を読めるかどうかという
ことや、その独特のシンボルと「待
つこと」を結びつけて理解している
かどうかは、この時点では重要では
ありません。子どもが「まって」カ
ードを手に持っている間（この後ど
うなるのか、子どもはきっといぶか
っているでしょう）、指導者は黙っ

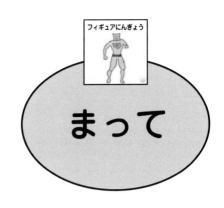

て５秒数えて^{訳注2}、「よく待ったね」と言って、子どもが要求していたものを与
え、「まって」カードを返してもらいます。次の数試行では、子どもが待つ
時間を徐々に長くしていきます。通常、試行のたびに待ち時間が変化してい
ることに、子どもがほとんど気づかない程度に待ち時間を少しずつ長くして
いくべきです。

　もちろん、どんなにわずかずつの増加でも、どこかの時点で子どもが不満
を訴えるかもしれません。その場合、不満を訴える行為（泣く、叫ぶ、奪い
取るなど）によって欲しいモノを手に入れる、という事態にならないように
することが重要です。欲しがっているモノは与えず、不満を訴える行動が終
わるのを待ってください。次の機会には、待ち時間をいったん短くし、その
後徐々に長くしていきます。

　他の目標の場合と同様に、子どもの年齢をよく考えて、待ち時間の長さを
決めることも重要です。たとえば、５歳未満の子どもに５分以上待つことを
求めると、障害の有無に関係なくかんしゃくを起こしかねません！

　このトレーニング方法のもう一つの重要な要素は、待っている間あなたな
らどうしたいのかを考えてみて、それをトレーニングに組み込むことです。
たとえば、長時間待たなければならないことがわかっている状況では（たと

訳注２：「まって」カードを初めて使う時、カードを持っていてもらう時間は、「絵カード交換式コミュニケー
　　　ション・システム・トレーニング・マニュアル 第２版」では「2，3秒」となっており、最近のワー
　　　クショップでは「１秒」と変更されています。この本では「５秒」となっていますので著者に問い合
　　　わせたところ、この本は、特別支援学校での重度の自閉症の子どもたちの指導ではなく、家庭での保
　　　護者の育児を主に想定しているので、トレーニングほど厳密ではないとのことでした。

えば、午後3時に診察を予約しているが、その時刻には診てもらえないだろうとわかっていれば)、多分あなたは待っている間にすることを何か用意するはずです。つまり、あなたは何もすることなく待つのは嫌なはずです。おそらく、本か何かを持って行くでしょう。もし何か読むものを忘れて行ったとしても、いつも雑誌が置いてあるものです。だから、そういう場所を《待合室》というのです。

　したがって、待つレッスンを進める際には、欲しいモノを待っている間に、子どもも何かすることがないか、それを確かめておくべきです。用意しておくべきモノで、お勧めのモノは、簡単なおもちゃで遊ぶこと、絵本を見ること、音楽を聴くことなどです。忘れてはならないことは、待っている間に使っているモノよりも、子どもが待ち望んでいるモノの方が重要でなければならないということです。《待つ間の活動》は、興味がわき注意を集中できるものでなければなりませんが、待ち望んでいるモノを欲しがらなくなるほどよいものであってはなりません。たとえば、絵を描くために iPad を待っている間、1枚の紙に1本のクレヨンでいたずら書きをするといったことです。

活動移行の理解

　ジェイムは、学校に着いてバスから降りるとき、先生がまだ何も言っていないのに、怒り出すことがよくあります。そんな日、ジェイムは教室に向かう間ひっきりなしに泣いています。いったん教室に入ると、20分かそこらで落ち着くのが普通です。そして先生が体育の時間だと伝えると、ジェイムは再びひっくり返って泣き出し、体育館へ向かう途中ずっと泣いています。体育館に入ると、いつも20分くらいで落ち着いてきます。その後間もなく、教室に戻る時間だと先生は伝えます。そしてまたジェイムは泣き始めます。ある活動から別の活動に移行するとき、ほとんどの場合、よくジェイムは泣いたり暴れたりします。

　おそらく何を言われているのかが、ジェイムにはわからなかったのだろう、という仮説を立てて、次の活動の絵カードを、先生はジェイムに見せることにしました。つまり、教室では体育館の絵カードを見せ、体育館では戻ることに

なる教室の絵カードを見せたのです。この方法は、少しは役に立ちましたが、ジェイムはいまだに移動するときに泣くことが多いのです。

ジェイムとのコミュニケーションに、視覚的手がかりを先生が使うようになってからも、活動移行の際の問題が続いたのはなぜでしょうか？　率直に言って、自閉症の子どもがうまく活動移行できるよう手助けする際に必要なことは、たいていはこれがすべてだと言ってよいでしょう。つまり、すでに述べたように、言葉は理解できないが、視覚的手がかりを加えればメッセージを理解しやすくなる子どもがいるのです。しかし、ジェイムにはそれ以上のことが必要なようです。

どうやってコミュニケートするかに加えて、**何を**コミュニケートするのかにも注意を払わなければなりません。ジェイムの場合、先生は、活動の変更とその活動の場所についてコミュニケートすることを選びました。おそらく、こうした情報は、私たち大人が毎日のスケジュールに入れる情報だからでしょう。しかし、自閉症の子どもの多くは、活動よりも強化子に注意を向けている、と私たちは確信しています。この解釈が正しければ、（次の活動について話すことによって）活動の変更を私たちがコミュニケートするとき、子どもの方は即時的な強化子に意識を集中したままです。たとえば、それぞれの活動移行の直前には、ジェイムはかなり落ち着いていました。活動の変更が伝えられたとき、ジェイムは楽しく活動に参加したようです。ジェイムがクレヨンで遊んでいるときに、体育館に行く時間だと告げられたとすると、それは「クレヨンはおしまい」ということだ、とジェイムは理解するでしょう。同じように、体育館でやっと落ち着いてボールで遊び始めたときに、教室に戻る時間だと告げられたのです。それはジェイムにとって、「ボールはおしまい」ということだったのです。

目の前の強化子をあきらめねばならないときは、いつでも誰でも問題行動をとるものです！　ですから、もしジェイムのような子どもがいて、強化子に意識を集中しているなら、その子にとって重要なものについてコミュニケートすることを考えるべきです。たとえば、ジェイムが教室にいるときは、クレヨンはおしまいということよりも、次の強化子（体育館で楽しめるボー

ル）についてコミュニケートする方が効果的でしょう。ですから、活動の変更を知らせるのではなく、ジェイムに近づいて、絵カードや必要であれば実物を見せて、ボールで遊べることを伝えるべきでしょう。そのような実物を《移行の目的物 transitional objects》^{訳注3}と呼びます。ジェイムがボールに注意を向けて取ろうとしたら、体育館でボール遊びをするよ、と穏やかに伝えればよいのです。この方法では、ジェイムがあきらめなければならないモノを強調するのではなく、次に得られるモノを強調するのです。

ジェイムが体育館でボール遊びをしているときには、先生はジェイムのところに行って、教室で手に入れられる次の強化子についてコミュニケートするべきです。たとえば、クレヨン、おやつの時間、音楽などです。変更を受け入れたら何が手に入るかがわかれば、ジェイムはすぐにボールをあきらめるようになるでしょう。

活動に関係する自然な強化子がない場合は、その活動を終えたら、何か子どもにとってよいことが起こるようにしておくことが重要です。これは、私たちが仕事を続けるときの原理と同じです。つまり、私たちは自分の仕事のある面を楽しむ一方、別の面も楽しみにしているのです。すなわち、給料がもらえることがわかっているということです。子どもの学習においても、これと同じ方法を用いることが大切です（詳細は次の節で述べます）。

手に入れることのできる強化子について知らせて、子どもに活動移行の準備をさせるこの方法は、家庭でも同じように効果的です。夕食後に息子と散歩に行くことが好きなある母親に、私たちはかかわりました。しかしよく母親は散歩の途中でUターンしたくなるのです。「家に帰りましょう」と言うと、子どもはよくかんしゃくを起こしました。だからと言って散歩を延長しても、かんしゃくを先延ばしにするだけで、防ぐことはできませんでした。母親の予定の活動についてではなく、子どもの強化子についてコミュニケートするように、と母親に助言したところ、母親は自分の日課を変えることにしました。今では、散歩に出かける前に、子どもにビデオを選ばせ（ビデオ・ケースを選び取ってもらい）、ビデオ・ケースを持って散歩に行きます。

訳注3：精神分析医ドナルド・ウィニコットが提唱した概念（移行対象 transitional object）と区別するために、活動移行を促すためのモノ（強化子）という意味で《移行の目的物》と訳した。

母親は、帰ろうと思ったら、ビデオ・ケースを取り出して見せるだけでよいのです。ビデオ・デッキが家にあることを、子どもは知っているので、今では楽しそうに先に立って帰って行きます。

視覚的強化システムの理解と使用、あるいは「交渉しよう！」

　ブランカがポップコーンが大好きなことは、誰もが知っていました。先生はよくポップコーンを強化子として使って、課題をやり遂げることを、ブランカにさせていました。しかし、いつだったら単に要求するだけでポップコーンが手に入り、いつだったら課題をやり遂げなければポップコーンが手に入らないかが、ブランカにはよくわかっていないことに、先生は気づきました。また、ポップコーンを手に入れるためには、どれだけの課題をしなければならないのかを、ブランカに伝える方法が、先生には気になるところでした。給料をもらうためには、どれくらいの仕事をしなければならないのかや、給料がもらえるのはいつなのかなどをどうやって知るのか、と私たちは先生に尋ねました。すると、何をばかなことをといった目で、先生は私たちを見て、「それは契約書に書いてあります！」と言いました。それに対して私たちは、「そうですか？」とだけ言いました。

　レッスンをうまく終えることができたら、好物のポップコーンがもらえることを、先生はブランカに理解してほしかったのです。このような取り決めをするには、とても多くのコミュニケーションが必要です。子どもは何が好きなのかを、先生は知っていなければなりませんし、先生は何を期待しているのかを、子どもは知っていなければなりません。さらにどれだけの課題をこなせば、どれだけの強化子がもらえるかを、子どもは知っていなければいけません。先生に知ってほしかったのは、自分たちが雇用主と《交渉》するときには、その交渉の視覚的な表現、つまり契約書を求めるということです。前にも述べたように、私たちの指導原則の一つは、「私たちにとって良いものは、子どもたちにとっても良いものだ」ということです。ブランカや他の自閉症の子どもたちが、もっと有能な生徒になるのを助ける効果的な方法と

して、「交渉しよう」を導入できるでしょうか？

　先生・生徒関係と雇用主・被雇用者関係とを、合理的に比較することができます。まず、私たちの文化においては、そうしなければならないので、生徒は登校します。確実に登校させるために、怠学に関する法律も制定されています。登校した生徒たちには、何が期待されているのでしょうか？　生徒に先生が求める最も基本的なことは、生徒が学習することです。

　それでは、学習するとは何を意味しているのでしょう。ごく簡単に言うと、学習するとは行動を変えるということです。教師としてわかることは、生徒がレッスンで何かを学習したら、レッスン後には、レッスン前とは違うように何かができるようになる、ということだけです。何か新しいこと（新しい単語・文章・考え）が言えたり、何かを前とは違うようにすることができたりすること（多項式選択問題に答える、靴紐を結ぶ、箱を開けるなど）で、学習したことを生徒は示すことができます。

　つまり、子どもは登校すると、強力な大人に出会います。その大人は、子どもが先生のために何かをすることを、すなわち学習することを期待しているのです。それでは、何を学習するかは誰が選ぶのでしょうか。親と学校システムから情報を得て、カリキュラムを作るのは、先生です。力のある人がない人に対して、すべきことを命じるという関係は、他にはどのようなものがあるでしょうか。一つは親と子の関係ですが、その他にも雇用主と被雇用者の関係があります。この場合、雇用主は被雇用者に何かを、つまり仕事をしてくれることを求めるという関係です。

　効果的な交渉をするには、どうすればよいでしょう。雇用主は、私たちに何かを、すなわち仕事をしてほしいのだということを、私たちが認識することから始めます。労働の対価として何が得られるのかがわかっている場合にのみ、私たちはその仕事をすることに同意します。雇用主との《交渉》においては、いくつか重要なことがあります。まず、もしも雇用主から「この仕事を1年間してほしい。その仕事が終わったときに、いくら支払うか教えます」と言われたら、その仕事を引き受ける気にはならないということです。仕事を始める前に給料がわかっている場合にのみ、その仕事を引き受けるでしょう。また、仕事に対する報酬のタイプ（金額ではない—金額として

は、もっと欲しい！）を選ぶのは、雇用主ではなく私たちだということにも
注意してください。さらに、給料がいつ支払われるのか（週給なのか月給な
のかなど）も、私たちは知りたいのです。

　もう一つ、雇用主との契約で重要なものがあります。それは、福利厚生な
どの規定です。最も重要なものの一つは休暇、つまり休みたい日を雇用主に
言う権利です。一般的な契約では、私たちは休暇の予定を雇用主に言うこと
ができます。最後は、前にも述べたように、雇用主との交渉のすべてを書面
にすることです（原則的には、交渉の内容を視覚的に表現することです）。

交渉することを子どもに教える

　コミュニケーション・スキルに制約のある子どもたちに、被雇用者と雇用
主との間でかわされる通常の契約書に書かれるのと同じ情報を伝えるシステ
ムを、どのようにして作ることができるでしょうか。

子どもは何を手に入れるために働きたいと思うのかを考えましょう

　まず重要なことは、私たちの報酬を選ぶのは自分自身なので、子どももそ
うあるべきだということを忘れないことです。子どもたちは、PECS や他の
手段でそれができます。報酬になりそうなものを提示し、子どもがそれに手
を伸ばすかどうかを観察することで、子どもに報酬を選択させることができ
ます。あるいは、応答のコミュニケーション・スキルのある子どもなら、何
がいいかを聞くこともできます。

まず働く、それから報酬

　そうして、「交渉しよう」のやり方を子どもに教えます。子どもが報酬を
要求したら、極めて簡単なこと（その子ならすぐにできるとわかっているこ
と）をするよう、身振りで子どもに伝えます。たとえば、子どもがクッキー
を要求して絵カードを手渡してきたら、床の上にあるおもちゃをあなたに手
渡すよう、指さしや身振りでプロンプトします。おもちゃを手渡すことがで
きたら、「よくできたね！」と言いながら、すぐにクッキーをあげるのです。

PECSを使っての要求がうまくできるようになってきたら、要求したモノを与える前に、ちょっとした課題をしてもらうことを、徐々に進めて行きます。このやりとりが、あなたからの交渉です。もちろん、子どもの要求には、すべて「交渉！」から始めるというわけではありません。ときには子どもの好きなモノを、単に子ども可愛さから与えるということは、大切な（そして心優しい）ことです。誰でも何でも、課題や仕事をして稼がなければ手に入らないということではないからです。

強化子カードとトークンを使いましょう

　交渉を始めて課題が多くなっていくと、何のために課題をやっているのかが、子どもにはわからなくなってしまう時がやってきます！　その時は、「〜のためにがんばっています」（あるいは、それに類したことば）を書いた別のカードに、子どもが要求したモノの絵カードを貼ってあげましょう。

　そのカードには、丸（普通はその中にマジックテープを貼っておきます）を1つ描きます。そして、子どもがあなたの指示した課題をやり終えたら、ただちにトークンを与えて、丸の上にそのトークンを貼ることを子どもに教えます。このトークンは、私たちが仕事をしたときにもらうお金と基本的には同じです。カードには1つしか丸がないので、トークン1つで丸が埋まり、それで仕事は完了です。次に、トークンを《使う》ことを教えます。つまり、子どもがトークンをあなたに手渡したら、子どもが元々要求していたモノをただちに与えるのです。

　雇用主なら誰でも、基本的に「同じ給料でもっと多くの仕事」を望むのと同様に、先生や親も、そのうちにフィードバックを減らしていっても、子どもはより多くの課題をすることを、つまり、より自立的になることを求めています。したがって、子どもがトークン1つの価値を理解したように思えたら、2つ目の丸をカードに描きます。今度は2つの丸がトークンで埋まらないと、トークンを交換することができません。そして、「より多くの課題を求める」という慣習に従って、カードに描く丸は段階的に3つ、4つ、最後には5つと増やしていきます。子どもが獲得できるモノについての情報（つまり、子どもが要求に使った絵カード）、課題がいつまで続くのかについて

の情報（たとえば、5つの丸を埋め
るほどの課題）、そして次の給料日
まであとどれくらいかの情報（あと
いくつ丸を埋めなければならない
か）が、この交渉の間は常にカード
に示されています。このシステムは、
丸1つから始めることが肝心です。
目指す5つの丸から、いきなり始め
るのではありません。

休憩すること

　課題用カードに《きゅうけい》のシンボルを加えて、いつでも《休み》を
要求できることを、子どもに思い出させてもよいでしょう。《きゅうけい》
カードの教え方は、PECS のフェイズⅠの教え方に似ています。まず、一人
が子どもに要求をします。たとえば、子どもに起立と着席を繰り返すように
言います。子どもがイライラを爆発させる前に、別の人が（通常は子ども
の背後に立って）、要求をした人に《きゅうけい》カードを手渡すよう、身
体的プロンプトを使って手伝います。これは、子どもからの休憩要求です。
それはこの場合、「口うるさく言わないでください！　私には休憩が必要で
す！」ということを意味します。やがて、同じように要求されることの多い
状況で、自力で休憩を要求できるようになるまで、身体プロンプトを減らし
ていきます。

　子どもが休憩を要求したら、通常はすぐに子どもを静かな場所に誘導し、
タイマーをセットし、休憩エリアにいる間は、そしてセットした時間が来る
までは、課題から解放します。休憩後、子どもはもとの課題に戻らなければ
なりません。要するに、休憩を要求することは、「やめる！」と宣言するこ
ととは違うのです。

　もちろん、休憩を要求することができる回数を、あらかじめ決めておくこ
とが重要です。一つのやり方は、あなた自身の休暇について、あなたと雇用
主とが合意したルールについて、考えてみることです。私たち自身の休暇と

まったく同じように、休憩時間の長さや、所定の時間内に休憩を要求できる回数や、休憩中にやってよいことなどについて、ルールがあります。休暇（たいていはとても強化的な所に行こうとする）とは違い、作業（や勉強）中の休憩は、単に求められることの多い状況から少しの間離れたいという要求です。だから、私たちは、休憩場所を作ることを勧めています（もちろん、タイムアウトの場所とは違います）。そこでは、退屈なことやちょっと面白い程度のことしかできないようにします。つまり、休憩場所に座っているよりも、課題を終わらせる方が得るものが大きい、ということを子どもにわかってもらいたいのです。

　子どもが成長発達するにつれて、交渉を拡張し、一般の大人の仕事の状況と同じようなものにしていきます。私たちは、普通2〜3時間働いたら、少し時間を取ってお菓子を食べたり、ガムを噛んだり、何かを飲んだりします。子どもたちも就職すれば、本当に欲しいモノを手に入れるためには、まず2〜3時間は働かなければならないのです。ここで説明したような視覚的な契約書により、何のためにがんばっているのか、何時間がんばらなければならないのか、そして次に報酬がもらえるのはいつなのかが、自閉症の子どもには理解しやすくなります。この視覚的強化システムは、そのうち時間を長くしていきますが、決して完全にやめてしまうことはありません。それは、私たちが、雇用されてから何年経っても、雇用主との契約書を捨てたりはしないのと同じです。

終わりに

　子どもに効果的なコミュニケーションを教えることは、専門家と親、双方にとって最も重要で価値ある目標の一つです。私たちはみな、子どもたちが上手に話せるようになることを望んでいます。しかし、本書を通して私たちが力説してきたことは、言葉を話せない子どもや大人でも、素晴らしいコミュニケーターになれるということです。こうした人たちから私たちに求められることは、彼らが望む物事を見つけ出す忍耐力と、効果的なトレーニング・プログラムを立案するスキル、そしてその人に最も適した形に調整でき

　包括的な交渉を計画するためには、次のような質問がヒントになります。

完璧な契約にするために答えるべき質問
■ 誰が報酬の種類を選択するのですか？
■ 誰が最初に取り掛かるのですか？　要求を出す前に、まず報酬を決めることを忘れてはなりません。
■ 再交渉はできるのですか？

以下のことは、子どもに視覚的な形で示さなければなりません。
■ 何のためにがんばるのですか？（実物、あるいは可能ならその実物を表す絵やシンボル。たとえば、子どもの PECS ブックや強化子メニューの絵カード）
■ 報酬を得るために必要な作業量は？（トークンカードにある丸の数、カードを切り分けて作ったジグソーパズルのピース数など）
■ 報酬を得る頻度は？（キャッシュイン ― 集めたトークンを使う機会 ― の回数をスケジュールに示すことができます）
■ 次の報酬時期はいつですか？（トークンカードに残っている空欄の丸の数に注目することで、子どもには次の報酬時期がわかります）
■ いつ休憩を取れますか？（「休憩」カードを、強化子カードの上に置いてもよいでしょう）
■ 休憩についてのルールは？
　□ 休憩は何回取ることができますか？（これは、利用可能な休憩カードの枚数で決めます）
　□ 休憩の長さは？（カウントダウンタイマーをセットしましょう。子ども自身でセットしてもよいです）
　□ 休憩中は何ができますか？（休憩場所には、どんな雑誌やその他適度に楽しいものがありますか？）

　もし可能であれば、やるべき作業の内容も視覚的に表現してください（たとえば、算数、おもちゃの片付け、食卓の準備、体育館への移動など）。

る柔軟性です。

　読者のみなさんが、各章末に挙げた引用・参考文献にも関心を持ってくだ
さることを、私たちは願っています。この本の目的は、あなたが重要な道へ
一歩踏み出すのを支援することです。あなたが愛している、あるいは関わっ
ている人と手を取り合ってその道を歩み、自立のときが来たらその手を放せ
ることを、私たちは願っています。あなたの努力と献身に対し、子どもたち
が、愛情のこもった様々な方法で応えてくれることを、私たちは心から願っ
ています。

■ 引用・参考文献 _____

Bondy, A. & Frost, L. (2008). *Autism 24/7: A Family Guide to Learning at Home and in the Community*. Bethesda, MD: Woodbine House.

McClannahan, L. & Krantz, P. (2010). *Activity Schedules for Children with Autism: Teaching Independent Behavior*. 2nd ed. Bethesda, MD: Woodbine House.〔訳注：園山繁樹監訳(2014)『自閉症児のための活動スケジュール』. 二瓶社〕

Peterson, S., Bondy, A., Vincent, Y. & Finnegan, C. (1995). Effects of alternating communicative input for students with autism and no speech: Two case studies. *Augmentative and Alternative Communication, 11*, 93-100.

強化子　reinforcer

「強化（reinforcement）」は応用行動分析学の最も基本的な概念の一つで、ある行動の生起に随伴してある結果事象が起きることによって、その行動が将来起きやすくなるプロセスを意味しています。そして、ある行動の生起に随伴して提示されることによってその行動が将来起きやすくなるような刺激事象は強化子と呼ばれます。指導場面で強化子となる可能性の高いものは、子どもの好きなモノや好んで行っている活動です。しかし、強化子は子どもによって異なり、一人ひとりについて何が強化子になっているかをアセスメントする必要があります。また、同じ強化子を使い続けると強化力が弱くなってしまいますので、指導場面では複数の強化子を用意しておく方がよいでしょう。さらに、その強化子の強化力が高まるような動機づけを工夫する必要があります。たとえば、好きな遊びであれば、指導の前にはその遊びを控えたり、好きな食べ物であれば、指導前にはその食べ物を控えたり、お腹がいっぱいのときには別の強化子を使うようにします。

時間遅延法　time-delay technique

子どもに反応すべき刺激（弁別刺激）を提示し、一定の時間が経過した後にプロンプトを提示する指導方法。弁別刺激の提示からプロンプトの提示までの時間を徐々に遅延することによって、プロンプトを提示する前に適切な行動が起こるようにします。

タイムアウト　time-out

子どもが困った行動を起こすと、その場面から一時的にその子を引き離す方法。子どもにとってその場面（たとえば、他の子どもと遊んでいる場面）は楽しい場面であり、楽しい場面から引き離されることは、

困った行動を弱める効果を持つことが期待されます。具体的には、教室の隅にイスを置いておき、そこに一定時間（5分程度。その子がわめいたり怒鳴ったりしなくなる程度の時間）座らせておく方法や、落ち着くまで短時間別室に一人でいさせる方法などがあります。タイムアウトの実施については注意すべき事項もたくさんありますので、『行動変容法入門』（二瓶社）を参考にしてください。

問題行動

　本書では、challenging behavior、behavior problem、problem behavior、problematic behavior、difficult behaviors、behavior difficulties をいずれも「問題行動」と訳しました。初版の訳書では、これらの用語をいずれも「チャレンジング行動」と訳しました。「チャレンジング行動」には、障害のある人と支援する専門職はいわゆる問題行動を一つのチャレンジとして受けとめ、障害のある人がそうした行動を起こさなくても済むような状態に改善していくために最善の努力をしなければならない、というメッセージを含んでいます。それだけ、こうした行動の改善は容易ではなく、また本書でも述べられているように、その行動の機能（意味）をきちんと分析することが重要であることが強調されています。第2版の翻訳に当たっては、多くの人が理解しやすい「問題行動」という日本語を用いることにしました。問題行動はそうした行動を起こしている本人自身に害が及んだり、周囲の人の迷惑になるような行動であり、本人にとっても周囲の人にとっても「問題」となっている、すなわち「解決すべき事態」であるという意味を含んでいます。

トークン　token

　代用貨幣とも訳され、適切な行動が起きたときに与えられ、トークンが一定数貯まると、その子どもの強化子（好きなモノや活動）と交換されるシステムであるトークンエコノミーという技法で用いられます。トークンは数えることができ、貯めることができればどのようなものでもよいのですが、子どもにとって興味を引き、わかりやすいものとして、

シールやスタンプがよく用いられます。

プロンプト　prompt

　適切な場面で適切な行動を起こしやすくするために用いる何らかの手助け。身体プロンプト（手を添えるなど）、言語プロンプト（言葉を添えるなど）、絵プロンプト（わかりやすい絵を付け加える）、モデルプロンプト（お手本を示すなど）のような種類があります。指導場面では、子どもができるだけ自分の力で行動できるように最小限のプロンプトを用いたり、最初に行動の仕方を教えるために最大限のプロントを用いたりします。最初に最大限のプロンプトを用いる場合には、徐々にプロンプトを小さくしたり軽くしたりしていき、最終的にはプロンプトなしで適切な行動ができるようにします。このように、プロンプロを徐々に撤去する方法をプロンプト・フェイディングと呼んでいます。プロンプト・フェイディングが適切に行われないと、いつまでもプロンプトに頼って行動するプロンプト依存の状態になる危険性があります。

訳者あとがき

　本書は、2011 年に米国の Woodbine House 社から出版された、アンディ・ボンディ（Andy Bondy）とロリ・フロスト（Lori Frost）ご夫妻による *A Picture's Worth: PECS and Other Visual Communication Strategies in Autism, 2nd Edition* の日本語訳です。原書の第 1 版は 2001 年に出版され、園山繁樹、竹内康二両氏の翻訳により、『自閉症児と絵カードでコミュニケーション：PECS と AAC』として 2006 年に二瓶社より刊行されました。このたび訳者に私も加えていただき第 2 版を翻訳しました。著者はボンディとフロストですが、第 5 章は、パット・ミレンダ（Pat Mirenda）とブレンダ・フォセット（Brenda Fossett）による特別寄稿です。

　本書では、自閉症やその他のコミュニケーション障害におけるコミュニケーション（第 1 章から第 3 章）、コミュニケーションから考える問題行動（第 4 章）、拡大・代替コミュニケーション（AAC）（第 5 章）、そして絵カード交換式コミュニケーション・システム（PECS）での表出の教え方について（第 6、7 章）、最後に PECS での理解コミュニケーションの教え方について、とてもわかりやすく記述されています。

　PECS は、当時ボンディがディレクターを務めていたデラウェア自閉症プログラム（DAP）というデラウェア州全体で行われていた自閉症の包括的支援プログラムの中で、自閉症の子どものための拡大・代替コミュニケーション・システムの一つとして、ボンディとフロストにより開発されました。1985 年のことです。ボンディはその後、DAP を離れ、デラウェア州だけにとどまらず、世界中に PECS や応用行動分析学（ABA）のピラミッド・アプローチを広めるために、1992 年にフロストと共に会社を興しました。それがピラミッド教育コンサルタント社（Pyramid Educational Consultants）です。以後、世界中に次々にオフィスを開設し、現在 15 ヵ国になります。日本には 2006 年に北九州市に開設されました。

　この会社は PECS の研修・普及活動を中心に、自閉症をはじめとした発達障害の子ども、保護者、教師に対するコンサルテーションなど、幅広い支援活動を精力的に行っています。詳細については、ピラミッド教育コンサルタント社のホームページ（https://pecsusa.com/）またはピラミッド教育コンサルタントオブジャパン社のホームページ（https://pecs-japan.com/）をご覧ください。PECS に関する情報もたくさん掲載されています。

　重度知的障害を伴う自閉症のように、言葉（音声言語）でコミュニケーションがとれない人の場合、言葉に代わる別のコミュニケーション手段が必要不可欠です。すなわち、拡大・代替コミュニケーション（AAC）です。たとえば、絵・写真、文字、コミュニケーション機器（スマートフォンやタブレットなど）を使って、理解と表出のコミュニケーション支援を行います。

　しかし従来の表出コミュニケーションのトレーニングは、とかく自発ではなく応答の形で行われることが多く、その結果、子どもを（おとなも）指示待ち（プロンプト依存）の状態にしてしまいかねない、という大きな欠点がありました。また、トレーニングを開始するまでに、獲得しておかなければならないスキルがいくつか必要であり（例えば、注目する、模倣するなどのスキル）、そういったスキルが獲得されるまで待たねばならず、トレーニングの開始が遅れるという欠点もありました。それを解決したのが、PECS なのです。どう解決したのかについては、本書をお読みください。PECS の理論的根拠は、応用行動分析学です。その中でも、ボンディが広い意味での教育に生かせるように体系化したものを、ピラミッド・アプローチと呼んでおり、これはコミュニケーション・スキルだけでなく、あらゆるスキルを教えるときにとても有用な理論的枠組みです。

　PECS は、従来のコミュニケーション・トレーニング法には見られない数々の長所を持っています。主なものを挙げると、
　・最初から自発的コミュニケーションを教える。
　・自発を目指し、プロンプトは早くやめるので、プロンプト依存（指示待ち）にならない。
　・機能的（実用的）なコミュニケーション・スキルを教える。
　・トレーニングには最初から般化を組み込む。
　・絵カードを相手に手渡すので相手を意識するようになる。
　・対人接近が確実にできるようになる。
　・最初はカードと強化子との交換を教えるので、交換の運動スキルさえあればよい。
　・言葉の発達を促すことが多い。
　・ローテクで材料費が安い。
　・最初からコミュニケーションが成立するので、信頼関係を築きやすい。

　多くの長所を有する PECS ですが、短所もあります。それは絵カードの作製を、たいていは他者に依存せざるを得ないということでしょうか。その点が自立困難なのです。しかし、PECS の iPad 用アプリ《PECS® IV+》

を使えば、自閉症や知的障害がたとえ重度であっても、絵カード作製を利用者本人が自立して行える可能性が開けます。

《PECS® IV+》は、使用頻度の高い1,000枚以上の絵カードを、最初から絵カード・ライブラリに搭載しています。しかし、絵カード・ライブラリに入っていないカードでも、簡単にその場ですぐに作製できます。その他にも、480枚搭載可能なブックを何冊も作成でき、7カ国語（音声は36カ国語）に対応しており、使用データが自動的に取れるという機能があります。

《PECS® IV+》を、どのように導入し、どのように日常生活で使うかについては、現在わが国で最も先進的な実践を続けている中谷正恵さんの、たくさんのYouTube動画から学ぶことができます（http://www.youtube.com/c/masaenakatani）。その他にも、タブレット機器やスマートフォンで使えるコミュニケーション・アプリは続々と登場しており、デジタル機器による拡大・代替コミュニケーションは進化し続けています。

PECSが生まれた米国では現在どういう状況でしょうか。少なくともこの10年間に出版された自閉スペクトラム症の人への支援に関する書籍で、PECSに言及していないものはないと言っても過言ではない状況ですし、PECSに関する研究論文もかなりの数に上っています。

2012年には、米国小児科学会が「自閉スペクトラム症の子どもへの非医療的な支援：推奨される指針と今後必要な研究課題」というガイドラインを発表しました（*Pediatrics, 130*, Suppl.2, S169-S178, 2012）。その中には、「音声言語に制約がある、あるいはコミュニケーションの改善を目的とする、複数の支援法に反応しない自閉スペクトラム症の子どもには、PECS® を使う機会を提供すべきである」とあります。

さらに2014年には、米国児童青年精神医学会も、「自閉スペクトラム症の児童・青年のアセスメントと治療のための実践指針」（*Journal of American Academy of Child and Adolescent Psychiatry, 53*, 237-257, 2014）で、「言葉をまだ話せない子どもには、サイン言語や、コミュニケーション・ボード、視覚的支援、絵カード交換などの代替コミュニケーション手段や、その他の拡大コミュニケーション手段を使って支援ができる。PECS® やサイン言語、活動スケジュール、音声出力装置（VOCA）の有効性を示すエビデンスがある」とあります。いずれの学会のガイドラインにも、トレード・マークのついたPECSを取り上げるということは、かなり異例のことではないかと思われますが、それほどPECSの有効性は確立しているということでしょう。

訳語についていくつか注記しておきます。原書には、interventionとい

う語が頻繁に出てきます。この業界では、たいてい「介入」と訳されています。これは辞書にはそう書いてあるからそう訳しているとしか思えません。しかし日常的には、「介入」は軍事介入、武力介入のような使われ方が多いのではないでしょうか。現場で日常的に使われる日本語は何だろうと考え、本書では「支援」と訳しました。

　また、PECSのマニュアルで使用されている訳語と本書で使用されている訳語が異なるものがあります。social reinforcer と direct reinforcer です。PECSマニュアルでは、それぞれ「人的強化子」「物的強化子」と訳されていますが、本書では、「社会的強化子」「直接的強化子」と訳すことになりました。さらに、discrete lesson は、PECSマニュアルでは「行動単位型レッスン」と訳されています。これは行動連鎖型レッスン（sequential lesson）との対比で使われるからですが、本書では「ディスクリート型」と訳すことになりました。

　そして4ステップ・エラー修正法の各ステップは、PECSマニュアルではそれぞれ名前がついていて「モデル」「プラクティス」「スイッチ」「リピート」と呼ばれていますが、原書にはその名称が記載されていませんので、本訳書でも記載しませんでした。なお、原書の不明な点については原著者（Bondy）に直接確認し、本訳書で修正を行いましたが、本文中の該当箇所では特にこのことに言及していません。

　最後になりましたが、本書の出版をお引き受けいただいた二瓶社取締役宇佐美嘉崇様、ならびに私を訳者に加えてほしい、という厚かましいお願いを聞き届けてくださった園山繁樹教授に、心から感謝いたします。本書の出版によって、自閉症をはじめとするコミュニケーション障害の方々を支援している人たちが、AAC特にPECSに取り組まれることを切に願ってやみません。

2019年8月16日　　大文字送り火を眺めながら

第2版の訳者を代表して　　門　眞一郎

■ 参考資料

ボンディ，A. 著、門眞一郎監訳（2014）「教育へのピラミッド・アプローチ改訂版」，ピラミッド教育コンサルタントオブジャパン．

フロスト，L. & ボンディ，A. 著、門眞一郎監訳（2005）「絵カード交換式コミュニケーション・システム・トレーニング・マニュアル 第2版」，ピラミッド教育コンサルタントオブジャパン．

ピラミッド教育コンサルタントオブジャパン　https://pecs-japan.com/

Pyramid Educational Consultants　https://pecsusa.com/

■ 訳者

園山繁樹（そのやま・しげき）
島根県立大学人間文化学部／教授、筑波大学／名誉教授
博士（教育学）／自閉症スペクトラム支援士（EXPERT）、臨床心理士、臨床発達心理士
初版担当部分：序、第1章、第2章、第3章、第4章、第5章、用語解説、監訳
第2版担当部分：用語解説改訂、監訳
主な著書・訳書：「行動障害の理解と援助」（共編著、コレール社）、「挑戦的行動の先行子操作
―問題行動への新しい援助アプローチ」（共訳、二瓶社）、「自閉症児のための活動スケジュー
ル」（監訳、二瓶社）、「場面緘黙の子どもの治療マニュアル」（監訳、二瓶社）

竹内康二（たけうち・こうじ）
明星大学心理学部／教授
博士（心身障害科学）／公認心理師、臨床心理士
初版担当部分：第6章、第7章、第8章
第2版担当部分：第6章、第7章、第8章の確認
主な著書：「発達支援のヒント36の目標と171の手立て」（単著、揺籃社）、「心理学に興味を
持ったあなたへ　大学で学ぶ心理学　改訂版」（共著、学研プラス）

門眞一郎（かど・しんいちろう）
フリーランス児童精神科医、ピラミッド教育コンサルタント社（米国）／名誉コンサルタント
第2版担当部分：全訳、監訳
主な訳書：「絵カード交換式コミュニケーション・システム・トレーニング・マニュアル 第2
版」（監訳、ピラミッド教育コンサルタントオブジャパン）、「教育へのピラミッド・アプロー
チ：役に立つABA入門」（監訳、ピラミッド教育コンサルタントオブジャパン）、「自閉症ス
ペクトラムとコミュニケーション―理解コミュニケーションの視覚的支援」（共訳、星和書店）、
「自閉症スペクトラムと問題行動―視覚的支援による解決」（共訳、星和書店）

自閉症児と絵カードでコミュニケーション －PECSとAAC－

2020 年 4 月 10 日　　第 2 版　第 1 刷
2021 年 12 月 20 日　　　　　　　第 2 刷

第2版

著　　著　アンディ・ボンディ／ロリ・フロスト
訳　　者　園山繁樹／竹内康二／門眞一郎
発 行 所　（有）二瓶社
　　　　　TEL 03-4531-9766
　　　　　FAX 03-6745-8066
　　　　　e-mail: info@niheisha.co.jp
　　　　　郵便振替 00990-6-110314
装　帳　株式会社クリエイティブ・コンセプト
装　画　shutterstock
印刷製本　亜細亜印刷株式会社

Printed in Japan
ISBN 978-4-86108-086-9 C3037